西北师范大学 教育科学学院

博士学位论文丛书

本科层次高等职业教育 人才培养模式创新研究

王红军 ◎ 著

万明钢　王兆璟　总主编

甘肃人民出版社

甘肃·兰州

图书在版编目（CIP）数据

本科层次高等职业教育人才培养模式创新研究 / 万明钢，王兆璟总主编 ；王红军著. -- 兰州 ：甘肃人民出版社，2024. 12. --（西北师大教育学博士学位论文丛书）. -- ISBN 978-7-226-06107-7

Ⅰ. G718.5

中国国家版本馆CIP数据核字第 2024UJ7237号

责任编辑：王建华

封面设计：李万军

本科层次高等职业教育人才培养模式创新研究

BENKE CENGCI GAODENGZHIYEJIAOYU RENCAIPEIYANG MOSHI CHUANGXINYANJIU

万明钢　王兆璟　总主编

王红军　著

甘肃人民出版社出版发行

（730030　兰州市读者大道 568 号）

兰州新华印刷厂印刷

开本 787 毫米×1092 毫米　1/16　印张 12.25　插页 3　字数 190 千

2024 年 12 月第 1 版　　2024 年 12 月第 1 次印刷

印数：1~1 000

ISBN 978-7-226-06107-7　　定价:58.00 元

目　录

摘　要

　　本研究首先分析了职业教育在人类三次成功的经济追赶中发挥的功能和作用，接着介绍了高技能人才需求和培养的国内外背景。2015 年，为满足未来高技术产业发展的人才需求，北京市启动了"2+3+2"七年贯通培养项目。本研究将尝试着对完善我国的本科层次高等职业教育人才培养模式以及北京市的贯通培养项目提供理论和实证依据。本研究在系统梳理了国内外相关文献的基础上，明确了本科层次高等职业教育人才培养领域的既有研究及其存在的问题，在此基础上提出了本研究的理论研究框架、实证研究框架以及研究方法。接着，本研究对美国、德国、英国、法国、澳大利亚和日本等国的高等职业教育发展及其人才培养模式的主要特征进行了比较研究，结合北京市贯通培训项目的案例研究，通过对 637 名学生问卷和 603 名家长问卷的描述统计和计量分析，得出了对完善我国本科层次高等职业教育人才培养模式颇有价值的若干结论和政策建议。

　　本研究中各章的主要内容如下：

　　第一章，绪论。人类历史上三次成功的经济追赶都伴随着职业教育的发展和追赶。高技能人才是实现科技优势向产业优势和经济优势转化的重要基础。我国在实施新型工业化、城镇化、信息化和农业现代化的过程中，高技能人才的供给必然离不开大批高质量的本科层次（甚至是研究生层次）高职院校。因此，本研究将对创新我国本科层次高等职业教育的人才培养模式以及完善北京市的贯通培养项目具有重要的借鉴和参考价值。

第二章，文献综述。本章在国内外大量学者和文献研究的基础上，梳理了国内外关于高等职业教育的人才培养模式方面已有的研究成果。包括地方高校转型与应用技术型大学、地方高校转型的原因探究、地方高校转型的路径研究、高等职业教育向本科升级的国际研究以及高等职业教育核心能力和素养、已有研究的不足与展望六方面的内容。

第三章，理论基础与研究设计。本章在现代科技和产业发展背景下探讨了本科层次高等职业教育的核心能力与素养的培养问题。高等教育大众化理论、人力资本理论、能力本位理论、情境学习理论和新职业教育理论等成为本研究的理论支撑。在理论探讨的基础上，构建了本研究的理论研究框架、实证研究框架以及定性和定量相结合的方法体系。

第四章，高等职业教育人才培养的国际比较研究。本章对美国、德国、英国、法国、澳大利亚和日本的高等职业教育人才培养问题进行了比较研究，在借鉴发达国家成功经验的基础上，对发展我国的本科层次高等职业教育提出了相应的启示和借鉴。

第五章，北京市高端技能人才培养案例研究。本章对北京市于2015年正式启动的高端技术技能人才贯通培养试验项目进行了案例研究，包括了项目特点、项目的办学指导思想、项目的总体办学定位、项目的人才培养目标、项目的人才培养模式以及项目的人才培养模式创新六个方面的内容。

第六章，贯通培养项目人才培养模式创新的实证研究。本章通过对学生和家长样本的实证研究，研究了学生和家长选择贯通培养项目的影响因素，同时从需求侧分析了贯通项目人才培养模式的需求特征以及影响这些需求特征的关键因素，为完善我国本科层次高等职业教育的人才培养模式提供参考和借鉴。

第七章，主要结论与政策建议。本章在结合理论研究、国际比较以及实证研究的基础上，获得了如下主要研究发现：高职人才培养需构建完善的知识能力和素养体系；科技和产业进步推动职业教育向本科和研究生层次跃升；高等职业教育模式应该多元化；高职教育的人才培养模式应该多元化；贯通项目成为大众化高等教育的成功探索；理论和实践的相互促进需要高水平的情境学习模式；国际化成为学生积累人力资本的重要渠道；贯通项目的课程体系开发需要多元化的专家主体；多元化选择是高等职业教育供给侧改革的重要内容；通用基础知识和能力是高职需求主体的关注重点。同时对完善我国的本科层次高等职业教育的人才培养模式提出了如下政策建议：通过多元化途径大力推动本科层次高职院校发展、制定并完善职业教育发展的法律法规、创新本科层次高职院校的发展模式、发展研究生层次的高等职业教育是大势所趋、人才培养过程中应注重强化创新类课程建设、注重培养学生适应未来岗位的综合能力与素养、以未来社会和产业需求为核心完善人才培养体系、构建多元化的本科高职人才培养方式、为高等职业教育学生提供多元化的路径选择等。

关键词：高等职业教育；人才培养模式；国际比较；北京市贯通培养改革；创新

Abstract

This study first analyzes the functions and roles of higher vocational education in three successful human economic catch—ups.Then it introduces domestic and international background of demanding and developing highly skilled personnel. In 2015, Beijing municipal government launched '2+3+2' 7—Year High—end Talent Training Pilot Program. This study tries to provide theoretical and empirical basis for personnel training pattern in undergraduate higher vocational education as well as for 7—Year High—end Talent Training Pilot Program. On the basis of systematic examination on related researches at home and abroad, the study clarifies current researches and problems of personnel training in undergraduate higher vocational education, and puts forward theoretical research framework, empirical research framework and research methods. It compares features of development and personnel training models of higher vocational education in United States, Germany, Britain, France, Australia, Japan and other countries. By case study on Beijing high—end skilled personnel training, together with statistical and econometric analysis of questionnaire interviews on 637 students and 603parents, it offers valuable conclusions and policy suggestions for perfecting China' s personnel training in undergraduate higher vocational education.

The main content of the chapters are as follows:

The first chapter: Introduction. Three successful economic catch—ups in human history have been characterized by vocational education development and catch-ups. Highly-skilled talent is the important foundation to realize the transformation from scientific and technological advantages to industrial advantages and economic advantages. In the implementation of new type industrialization, urbanization, informatization and agricultural modernization, the supply of highly-skilled talents must rely on large quantities of qualified undergraduate (or even graduate) higher vocational colleges. Therefore, this research will serve as important reference for innovating personnel training mode of undergraduate higher vocational education in our country and perfecting this Pilot Training Program.

The second chapter: literature review. On the basis of a large number of domestic and foreign literature research, the author examines current researches on talent cultivation mode of higher vocational education at home and abroad, including local colleges transformation and the causes of transformation in university of applied technology and local colleges, paths to local colleges transformation, international research on higher vocational education's upgrade to undergraduate, the core ability and competence of higher vocational education as well as the shortage and prospects of existing research.

The third chapter: the theoretical basis and research design. This is to explore core competence of higher vocational education under the background of modern science and technology development. Theory of massification of higher education, human capital theory, competence-based theory, situated learning theory and new theories of vocational education become the theoretical basis. This paper constructs its theoretical, empirical research framework and integrated application of qualitative and quantitative research methods based on theoretical discussion.

The fourth chapter is international comparative study on cultivation of higher vocational talents. It compares the problems in higher vocational talents' building in US, Germany, Britain, France, Australia and Japan. By studying successful practice of these countries, it provides suggestions and methods for developing undergraduate higher vocational education in our country.

Chapter five： case study of Beijing high-end skilled personnel training. This chapter conducts in-depth case study on Beijing high-end skilled personnel training program launched in 2015. The discussion focuses on the project characteristics, guiding ideology, overall orientation, target, mode and innovation of this talent training program.

Chapter six： the empirical study on innovation of students and personnel training model. Through empirical study on sample students, it aims to explore the factors of students and parents' motivation in choosing training program, characteristics of demand for the pilot program and the factors influencing this demand based on actual need, thus providing reference for improving undergraduate course personnel training in China's higher vocational education.

Chapter seven： main conclusions and policy recommendations. Based on theoretical research, international comparison and empirical study, this paper has found out that it is necessary to construct perfect knowledge competence and quality system in training higher vocational talents; technological and industrial progress has promoted vocational education to undergraduate and graduate level; higher vocational education mode should be diversified; the training mode of higher vocational talents should be diversified; High-end Talent Training Pilot Program proves to be a successful exploration in the popularization of higher education; the mutual promotion of theory and practice requires a high level of situational learning; internationalization has become an important channel for students to accumulate human capital; the development of curriculum system of the High-end Talent Training Pilot Program requires major support from pluralistic experts; diversified choices is the main content of supply-side reform in higher vocational education; general knowledge and ability is the main focus of people who want to pursue higher vocational education. Besides, the paper offers following policy advice on how to perfect undergraduate talent cultivation of higher vocational education： promote development of undergraduate course in higher vocational colleges through diversified channels, set up and perfect laws and regulations of vocational education development, innovate developing mode of under-graduate course in higher vocational colleges, develop graduate level of higher vocational education, emphasize on construction of innovative courses in the process of talent training, cultivate students' comprehensive ability for future career, improve personnel training system with the core of society and industry demand, establish diverse talents training mode for undergraduate higher vocational education, provide more options and choices for students receiving higher vocational education and other suggestions.

Key words: Higher vocational education; Personnel training mode; International comparison; Beijing '2+3+2' 7-Year High-end Talent Training Pilot Program; Innovation

第一章　绪　论

一、国际历史背景

在人类社会的演进过程中，出现过三次成功的经济追赶，分别是美国追赶英国，日本追赶美国以及韩国追赶西欧。大家公认的观点是，这三次成功的经济追赶，都伴随着以人均受教育年限为测度指标的人力资本的追赶。殊不知，在每次成功的经济追赶过程中，都伴随着职业教育的发展和追赶。

第一次追赶是美国对英国的追赶，从 1871 年到 1913 年。这个时期是美国经济迅速超过号称"日不落帝国"的英国的重要时期。在 1870 年，美国人均 GDP 只有英国的 75.3%，到 1913 年时，美国的人均 GDP 已经超过英国 5%，实现了人类历史上第一次完美的经济追赶与超越。此后一个多世纪，美国的经济、军事、科技和人力资本水平一直处于世界首位。这次成功的追赶，与美国超常发展的职业教育密不可分。其中最为重要的就是 1862 年颁布的《莫里尔法案》及其后续的一系列相关政策，大大促进了美国农业与工业职业教育的发展，为美国的经济发展提供了大量高素质、懂技术的高技能人才，为美国赶超英国提供了强大的人力资源保障。英国经济没有出现同步增长的一大重要原因，就是英国历史上长期以来重科学轻技术，轻视职业教育和工程技术教育的文化传统。

第二次追赶是日本对美国的追赶，从 1950 年到 1992 年。这个时期是日本经济追赶美国的重要时期。由于受二战影响，日本的人均 GDP 在 1950 年只有美国的 19.6%，到了 1992 年，日本的人均 GDP 已经达到美国的 90.1%。日本的经济追赶既得益于人力资本的追赶，更得益于职业教育的迅猛发展。早在 20 世纪 50 年代，日本一度将普通高中作为重点发展对象，从而导致普通高中发展与高技能人才短缺之间的矛盾日益凸显。为此，日本政府将职业教育纳入教育改革的重点。继 1947 年颁布了《技能培训规程》和《职业稳定法》之后，又于 1951 年颁布了《产业教育振兴法》及一系列强化职业教育的政策，包括充实职业高中的硬件设备、加强职业高中的教材建设和师资培养以及提高职业课教学水平等措施，同时要求在普通高中开设职业课程。1958 年又颁布了《日本职业培训法》，1976 年又开始推动职业教育从专科向本科发展，为日本的产业升级提供了坚实的高技能人才保障。

第三次追赶是韩国对西欧国家的追赶，从 1973 年到 1992 年。早在 1973 年，韩国的人均 GDP 仅仅是西欧国家（12 个国家）人均 GDP 的 24.3%，到了 1992 年，该比例已经上升到 57.5%，成功地实现了经济追赶。韩国之所以能取得年均经济超过 8% 的增长速度，与其大力发展职业教育密不可分。早在 1949 年，韩国政府颁布了《大韩民国教育法》，明确提出了"优先发展职业技术教育"的方针。20 世纪 60 年代，韩国不失时机地扩大各级职业教育的招生规模，1963 年，韩国政府颁布了《产业教育振兴法》，为韩国的职业教育奠定了法律基础。在"建国立国、工业立国、技术立国"的发展战略框架下，韩国于 1967 年又颁布了《职业训练法》，鼓励企业与私人团体新建职业教育培训。此后又陆续根据重点产业的发展调整和加强相关专业领域的技术和职业教育，例如，为了支持重化工产业的发展，韩国政府于 1973 年制定了《加强重化学工业教育方案》，从而支撑了韩国相关重点产业的持续和稳定发展。1976 年，韩国政府出台了《职业训练基本法》，鼓励私人企业进行内部职业训练。进入 20 世纪 70 年代中后期，韩国提出了"尖端产业、技术立国"的发展战略，产业形态向着高精尖、自动化和大型化工业发展，为了培养更多的高技能人才，韩国进一步推动职业教育朝着本科和研究生层次发展。

按照我国制订的发展战略，我国要在中华人民共和国成立 100 周年时建设成为社会主义现代化国家。按照 GDP 总量排名，我国已经成为世界第二经济大国。根据世界银行的预测，到 2049 年时，我国的经济总量将超越美国，成为世界第一经济大国。如果这一目标如期实现，又将是人类历史上的一次成功追赶。在这一过程中，中国的高等职业教育系统必然发挥着不可替代的重要作用。特别是在实施新型工业化、城镇化、信息化和农业现代化的过程中，高技能人才的供给必然离不开大批高质量的本科型（甚至是研究生型）高职院校。

二、国内宏观背景

进入 21 世纪以来，伴随着中国经济社会的迅速发展，产业结构不断优化调整，同时面临着转型升级的迫切要求。随之而来的产业发展趋势集中体现在如下方面：劳动密集型产业日趋减少，技术密集型产业不断增加；传统的技术落后型产业日趋减少，高新技术产业不断增加；低附加值产业日趋减少，高附加值产业不断增加[①]。产业结构调整和生产方式的变革推动了社会对应用型高技能人才的需求，技术密集型、知识密集型、资本密集型产业的迅速崛起使得高端技能型、高级技术型和工程型人才逐渐成为社会劳动力的主体。为了满足经济社会发展对高技能人才的迫切需求，国家陆续作出了大力发展并不断完善职业教育体系的战略部署。例如，从 1986 年开始，我国就召开了第一次全国职业教育工作会议，1991 年和 1996 年又接连召开了第二次和第三次全国职业教育工作会议。进入 21 世纪后，又分别于 2002 年、2004 年、2005 年和 2014 年召开了四次全国职业教育工作会议。在历次的全国职业教育工作会议上，都提出要大力发展职业教育，同时赋予职业教育重大的历史使命。以 2014 年的全国职业教育工作会议为例，习近平总书记在会议上强调：“职业教育是国民教育体系和人力资源开发的重要组成部分，是广大青年打开通往成功成才大门的重要途径，肩负着培养多样化人才、传承技术技

---

① 应用技术大学(学院)联盟.地方本科院校转型发展实践与政策研究报告(R).2013.11.

能、促进就业创业的重要职责，必须高度重视、加快发展。""各级党委和政府要把加快发展现代职业教育摆在更加突出的位置，更好支持和帮助职业教育发展，为实现'两个一百年'奋斗目标和中华民族伟大复兴的中国梦提供坚实人才保障。"

为了将大力发展职业教育的精神落到实处，我国又在许多重大的政策和文件中强调了职业教育的发展方向和发展路径。例如，党的十六届六中全会通过的《中共中央关于构建社会主义和谐社会若干重大问题的决定》中明确指出："要注重增强学生的实践能力、创造能力和就业能力、创业能力。"教育部发布的《2003—2007年教育振兴行动计划》中强调，高等职业教育要"以就业为导向，以促进就业为目标""实行多样、灵活、开放的人才培养模式，把教育教学与生产实践、社会服务、技术推广结合起来，加强实践教学和就业能力的培养。加强与行业、企业、科研和技术推广单位的合作，推广'订单式''模块式'培养模式；探索针对岗位群需要的、以能力为本位的教学模式；面向市场，改革课程设置，调整教学内容"。此外，《教育部关于加强高职高专教育人才培养工作的意见》也指出，高职院校应当"以'应用'为主旨和特征构建课程和教学内容体系；实践教学应在教学计划中占有较大比重；学校与社会用人部门结合、师生与实际劳动者结合、理论与实践结合是人才培养的基本途径"。2014年，国务院发布了《关于加快发展现代职业教育的决定》，确定了我国职业教育的中期发展目标，那就是"到2020年，形成适应发展需求、产教深度融合、中职高职衔接、职业教育与普通教育相互沟通、体现终身教育理念、具有中国特色、世界水平的现代职业教育体系"。同时还明确要求"专科高等职业院校要密切产学研合作，培养服务区域发展的技术技能人才""采取试点推动、示范引领等方式，引导一批普通本科高等学校向应用技术类型高等学校转型，重点举办本科职业教育"[①]。2017

---

① 2014年6月，教育部等六部委联合发布了《现代职业教育体系建设规划(2014—2020年)》，其中明确要求："到2020年，形成适应发展需求、产教深度融合、中职高职衔接、职业教育与普通教育相互沟通，体现终身教育理念，具有中国特色、世界水平的现代职业教育体系。"

年，在党的十九大报告中进一步强调，要"完善职业教育和培训体系，深化产教融合、校企合作"。从而为我国高等职业教育的发展指明了方向。

从高等职业教育的规模指标看，我国的高等职业教育已经取得了巨大的成绩，但是也存在着一定的问题。从我国高等教育的在校生指标看，从 2006 年到 2015 年，我国的高等教育在校生数从 1738.8 万人增长到 2625.3 万人，其中普通本科在校生数从 943.3 万人增长到 1576.7 万人，普通专科在校生数则从 795.5 万人增长到 1048.6 万人。按照国务院《关于加快发展现代职业教育的决定》中的规划，我国到 2020 年专科层次职业教育的在校生达到 1480 万人，接受本科层次职业教育的学生达到一定规模。但是从结构上看，我国高职高专的在校生比例却一直呈下降趋势。在 2006 年，专科在校生所占比例为 45.75%，接近于高等教育的半壁江山。但是此后却呈逐年下降趋势，到 2015 年，该比例已经下降到 39.94%。但是考虑到我国未来的制造业发展目标，我国对高技能人才的需求远远大于供给。按照《中国制造 2015》确定的发展目标，我国到 2025 年要迈入制造强国行列，到 2035 年中国制造业整体达到世界制造强国阵营中等水平，到中华人民共和国成立一百年时，综合实力进入世界制造强国前列。此外，未来 10 年即将出现的最具前途的若干新兴产业，包括云计算、大数据、虚拟现实、人工智能、智能制造、3D 技术、无人技术、机器人、新能源、新材料、医疗服务、生命技术与生命科学、互联网医疗等，这些新兴行业不仅需要大量的高端研发型人才，也需要大量的高技能人才。按照日本 2016 年发布的《第五期科学技术基本计划（2016—2020年)》，人类社会即将从原来的狩猎社会、农耕社会、工业社会和信息社会之后，进入超智能社会（即"社会 5.0"）。纵观我国的高等职业教育，以专科层次为主的高等职业教育很难培养出适应未来社会发展需求的高层次专业人才。正是因为已经意识到了这个问题，国家才开始大力推动一批普通本科高等学校向应用技术类高等学校转型。但是，光有高校类型的转换并不能解决我国未来的高技能人才需求问题，还必须从理论和实践层面重点解决应用技术类本科高校的人才培养质量问题。

表 1-1　近 10 年我国高等教育在校生规模结构表（单位：万人）①

年份 / 类别	普通本科专科 在校生数	普通本科 在校生数	普通专科 在校生数	专科学生比例
2006 年	1738.8	943.3	795.5	45.75%
2007 年	1884.9	1024.3	860.6	45.66%
2008 年	2021	1104.2	916.8	45.36%
2009 年	2144.7	1179.9	964.8	44.99%
2010 年	2231.8	1265.6	966.2	43.29%
2011 年	2308.5	1349.7	958.9	41.54%
2012 年	2391.3	1427.1	964.2	40.32%
2013 年	2468.1	1494.4	973.6	39.45%
2014 年	2547.7	1541.1	1006.6	39.51%
2015 年	2625.3	1576.7	1048.6	39.94%

三、北京市职业教育改革的背景

北京市是我国的政治中心、文化中心、国际交往中心和科技创新中心，其特殊的城市定位催生出特殊的人才需求。北京市政府于 2010 年发布了《首都中长期人才发展规划纲要（2010—2020 年)》，明确提出北京市的人才发展战略，培养和造就一支数量充足、结构优化、素质一流、富于创新的世界级人才队伍。同时，《纲要》对职业教育提出具体任务，要求密切职业教育发展与产业发展的联系，培养创新型高技能人才，满足首都高端产业和新兴支柱产业对创新人才的需求。改革高等教育教学内容，转变教学方式，建立学校教育和社会实践锻炼相结合、国内培养和国际交流合作相衔接的国际一流

---

① 表中的数据根据历年《中国统计年鉴》中的相关数据整理计算而得。

培养体系，加大创新型人才培养力度①。可见，北京市对面向高端产业、新兴支柱产业的创新型、国际化应用型人才，具有较高的需求。

在此背景下，北京市的许多高职院校将培养创新型、国际化应用型人才、满足北京市发展需求，作为学校转型发展的契机，为了实现该目标开展了一系列的实验项目。例如北京信息职业技术学院创建的校内外实训基地以及与新加坡南洋理工学院建立的交流项目，北京工业职业技术学院与北京建筑大学联合开展的"高端技术技能人才贯通培养试验项目"，北京科技职业学院的校内外实训基地和二级学院的"专业建设与校企合作委员会"等。

然而，在各方力量如火如荼开展工作的过程中，新的问题也不断涌现。例如，有些高职院校面临"巧妇难为无米之炊"的窘境——好生源稀缺。马树超、范唯曾谈到随着高等教育逐步从大众化阶段向普及化阶段过渡，当高等教育资源不再稀缺而生源稀缺的时候，高职教育将面临十分严峻的挑战。②其次，在落实创新型、国际化应用型人才的培养任务上，高职院校常常更多地关注内部调整，单枪匹马、独自上阵。但是高职院校因为在应用型人才培养目标、课程设置、教学方式、考核评价以及教师队伍建设等方面，仍处在摸索阶段，缺乏系统、科学的操作方法，所以常常感到"心有余而力不足"。因此，高职院校从内部调整延伸至联合办学，将成为培养国际化应用型人才的新途径。但是，借助于国际化只是实现创新型高技能人才培养的重要渠道之一，还需借助于人才培养模式的创新。对此，黄达人教授也曾谈道，建立现代职业教育体系，就应该衔接中高职，打通职业教育断头路，提高职业教育办学层次，增强职业教育吸引力。③再次，高职院校的学生缺乏继续深造的平台，即国际化应用型人才的培养，存在后劲不足的问题。由于高职院校在中国高等教育系统里"出身不好"，所以在与国外应用技术大学寻求合作关系

---

① 《首都中长期人才发展规划纲要（2010—2020年）》，首都之窗 http://zhengwu.beijing.gov.cn/ghxx/qtgh/t1123036.html.
② 马树超，范唯.高职教育：为区域协调发展奠定基础的十年[J].中国高等教育,2012,18:12—16.
③ 唐景莉，刘志敏.高校转型：重构高教核心价值——访国家教育咨询委员、中山大学原校长黄达人[J].中国高等教育,2015(7):24—35.

时，经常被"拒之门外"。如何在这种现实约束条件下，实现本土创新型高技能人才培养显得尤为重要。

为了能通过创新型、国际化应用型人才的培养，实现地方高职院校的转型发展，同时也避免以往人才培养过程中的问题，北京市教委于 2015 年下发了《北京市教育委员会关于开展高端技术技能人才贯通培养试验的通知》（京教职成〔2015〕5 号）：提倡示范高职、示范高中、市属本科和德、法等国外应用技术大学联合（联盟），建立先行试点，对高级应用型人才培养进行试验探究。[①]北京电子科技职业学院、北京市三十五中、北京工业大学等市属本科、德、法等应用技术大学参与试验，并开展"2+3+2" 7 年贯通式培养项目，希望通过四校融通，从学制上实现学段融通、普职融通、国内外融通，从内容上实现人才标准、课程设置、教学方式、考核评估、教师队伍建设的贯通培养，从而有效落实国际化应用人才的培养任务，实现高职院校创新型人才培养体系变革的试点任务，推动北京电子科技职业学院向应用技术型大学转型。

从项目启动至今，已经取得了一些成功经验，但仍然存在着很多问题。为了更科学、规范、高效地落实创新型、国际化应用型人才的培养任务，特别是实现高职院校培养创新型高技能人才的办学目标，为我国的社会经济发展提供高质量的技能型人才支撑，亟须在理论和实践相结合的基础上探讨如何深入完善高中—大学贯通培养项目的人才培养模式，走出一条有中国特色的高层次创新型应用人才的培养路径。

四、研究的理论意义和实践价值

本研究将以人力资本理论、能力本位理论、情境学习理论和新职业主义教育理论等为基础，以北京市某中学的高中—大学贯通培养项目为实证研究

---

① 北京市政府,《北京市关于加快发展现代职业教育的实施意见》(京政发〔2015〕57 号), 2015.11。

对象，探讨我国高层次高等职业教育人才培养模式创新的影响因素和对策建议，为我国高等职业教育的改革和发展提供参考依据。因此，本研究将具备一定的理论意义和实践价值。

（一）本研究的理论意义

本研究将通过理论分析与实证研究相结合的方式，一方面，在高等教育大众化的宏观背景下，在人力资本理论的分析框架下，探究能力本位理论、情境学习理论和新职业主义教育理论等对完善我国高等职业教育人才培养模式的启示和借鉴，研究人力资本的细分变量对完善高技能人才培养模式的作用和实现路径；另一方面还将结合中国的高等教育实践，探讨上述理论的不足或有待完善之处，在此基础上探讨如何进一步丰富和完善既有的高等教育大众化理论和人力资本理论等相关理论。最后，本研究将尝试在理论研究和实践探索相结合的基础上，提出完善中国本科层次高等职业教育的人才培养模式以及更好推动本科层次高等职业教育发展的政策建议。

（二）本研究的实践价值

在科学技术迅猛发展以及大力推进新型工业化的时代背景下，我国已经充分意识到了完善现代职业教育体系对于增强国家竞争力的重要作用，也制订了职业教育的中期发展目标，也就是到 2020 年，建成"具有中国特色、国际水平的现代职业教育体系"。但是，要充分实现该目标，必然离不开本科层次的职业教育体系的完善，而其核心又是本科层次职业教育的人才培养模式创新。本研究在借鉴现有发达国家高职院校成功人才培养模式的基础上，结合北京贯通培养项目的实践经验，在理论探讨和实践分析相结合的基础上，构建符合中国未来产业发展需求的国际化、创新型本科高职人才培养模式，进而通过高质量的创新型人才培养模式带动整个本科层次的高等职业教育质量的提升，实现"具有中国特色、质量卓越、国际水平的现代职业教育体系"。因此，本研究将对完善北京市的贯通培养模式以及我国的本科层次高等职业教育人才培养模式具有重要的借鉴和参考价值。

第二章　文献综述

　　国内外已经有大量学者和文献研究了高等职业教育的人才培养模式问题。由于本文是在中国地方高校转型发展的时代背景下研究本科层次高等职业教育的人才培养模式创新问题，因此，本部分的文献研究将涉及中国本科型高等职业教育发展的重要主体、地方普通高校向高等职业教育转型的相关研究、地方普通高校向高等职业教育转型的路径研究、高等职业教育向本科升级的国际研究、高等职业教育核心能力和素养和已有研究的不足与展望六个方面，既包括国内学者的研究，也包括国外学者的研究。

一、中国本科型高等职业教育发展的重要主体

　　由于我国的高等职业教育长期以来都是以专科型的高等职业教育院校为主体，在未来发展过程中，地方普通高校的转型以及应用技术型大学的发展将是我国发展本科型高等职业教育的两类重要主体。

（一）地方普通高校转型的相关研究

　　有关地方高校转型的概念，国务院印发的《关于加快发展现代职业教育的决定》中给出了专门解释：地方高校转型是指"引导普通本科高等学校转型发展。采取试点推动、示范引领等方式，引导一批普通本科高等学校向应用技术类型高等学校转型，重点举办本科职业教育"。同时，赵新亮、张彦通

等研究者也认同该观点，认为地方高校应向应用技术型大学转型，从而培养我国产业转型升级和公共服务发展需要的高层次技术技能人才，切实解决高校人才培养规格与社会人才需求结构脱节的问题。①

而地方高校转型的主体，从政策文件和研究者的已有研究来看，大部分研究者认为地方高校转型的主体是指地方普通本科高等学校、本科独立学院。我国应用技术大学转型的主体是部分地方本科院校和新建本科院校，而且都是从原来地方所举办的高职高专或中职中专升格、合并、转型而来。②转型主体则是 20 世纪 90 年代末以来升本的新建公办本科院校、民办本科院校及本科独立学院。③也有学者认为，转型的主体是 2013 年具备独立招生资格的 679 所本科院校中除 112 所重点大学外的其余 567 所地方高校。④这些研究分别从地方本科高校历史来源、时间、地方普遍性的角度论证了地方高校转型的主体，主要是地方本科高校，包括地方本科院校和独立学院，它们区别于国家重点高校，属于地方普通高校。

但是，有关地方高校转型的主体，黄达人教授从建立现代职业教育体系的角度出发，认为地方高校转型的主体没必要非贴上本科层次职业院校的标签，而应该衔接中高职，打通职业教育断头路，提高职业教育办学层次，增强职业教育吸引力。也就是说，地方高校转型，建立现代职业教育体系，需要地方中学、高职、本科高校多方主体的参与，实现普职融合、高专本的结合。⑤

（二）应用技术型大学的相关研究

有关应用技术型大学的概念，《地方本科院校转型发展实践与政策研究报告》曾指出，应用技术大学是我国社会主义现代化建设进程中产业转型升

① 赵新亮,张彦通.地方本科高校向应用技术大学转型的动力机制与战略[J].高校教育管理, 2015(2):38—42.
② 董立平.地方高校转型发展与建设应用技术大学[J].教育研究,2014,08:67—74.
③ 关丽梅.地方高校转型背景下的学科专业群建设研究[J].继续教育研究,2014,12:72—74.
④ 胡世刚.略论地方本科院校转型发展的"三个选择"[J].黄冈师范学院学报,2015(1):90—93.
⑤ 唐景润,刘志敏.高校转型:重构高教核心价值——访国家教育咨询委员、中山大学原校长黄达人[J].中国高等教育,2015(7):24—35.

级和产业技术进步的产物，其基于实体经济发展需求，服务国家技术技能创新积累，立足现代职业教育体系，直接融入区域产业发展，是集职业技术教育、高等教育、继续教育于一体的新的大学类型。①

同时，应用技术大学存在着四个特征，即有"高""专""技"和"人"。"高"即"高等性"，应用技术大学是建立在受过完全中等教育基础之上的、以本科层次为主的教育机构，是培养高层次专门人才的学校，属于高等教育的范畴。"专"即"专业性"，是面向社会职业分工、培养高层次专门人才的教育。"技"即"应用技术性"，也就是人才培养类型、科学研究与社会服务都以应用技术型为主要特征。"人"即"人文性"，是指应用技术大学培养的人才要具有人文素养、科学素养、职业素养、生态伦理素养等全面发展的教育。②

从上述对地方高校转型概念、主体以及应用技术型大学概念和特性的已有研究成果来看，存在着四大特征。一是相对于地方高校转型途径的实践类研究，针对地方高校转型与应用技术型大学的概念等基础理论研究，从数量上来说相对较少。虽然赵新亮、张彦通、董立平等人对此进行了相关研究，但是仍然缺乏更为深入系统的理论探讨。二是在研究内容上，针对地方高校转型的主体仍然存在一定歧义，而且地方高校转型、应用技术型大学的发展与我国社会经济发展需求之间联系仍显单薄。三是从研究对象来说，主要是地方本科高校或独立学院，很少涉及高中等教育主体。四是从研究方法来看，主要是以理论思辨为主，相应的实证研究比较缺乏。

二、地方普通高校向高等职业教育转型的原因探究

（一）我国经济转型与社会发展对应用型人才的现实需求

随着我国经济社会的发展，产业结构调整使得社会职业结构、人才需求

① 应用技术大学（学院）联盟.地方本科院校转型发展实践与政策研究报告（R）.2013.11.
② 董立平.地方高校转型发展与建设应用技术大学［J］.教育研究，2014（8）：67—74.

结构发生了显著变化，技术密集型、知识密集型、资本密集型产业结构使高端技能型、高级技术型和工程型人才成为社会劳动力的主体。随着我国经济社会的迅速发展，新型的产业和市场格局向我们提出了培养符合市场需要的高质量、高素质创新型、应用型人才的要求。[1][2]

而地方高校教育主要是服务于区域经济的教育，承担着为区域经济发展培养社会劳动力主体的任务，所以地方高校需要根据地方经济社会及产业结构特征，从地方高校的办学定位、人才培养特点等方面进行调整，从而实现转型。此外，地方区域经济发展与地方高校教育的发展密切相关，高层次应用型人才的培养需要由中等职业技术教育提升至本科层次职业技术教育，这是国家赋予地方本科院校的历史使命。[3][4][5][6]

（二）高等教育自身发展的内在要求

2016 年，我国的高等教育毛入学率达到了 42.7%。随着我国高等教育从精英化阶段转向大众化阶段，并朝着普及化阶段发展，高等教育面临着从单一体系分化为学术性高等教育和应用性高等教育两大体系的挑战，而地方高校必将成为应用型高等教育体系的主力军。伴随着高等教育发展进入大众化阶段，必然由学术性高等教育单一体系分化为学术性高等教育与应用性高等教育两大体系。而学术性高等教育体系主要培养从事科学研究的学术精英；应用性高等教育体系应当包括一个相对庞大的院校群，培养的是从高职高专、应用型本科（技术教育和工程教育）到专业硕士、专业博士的一个应用型系

[1]　吴耀兴,陈政辉.论应用型人才培养的内涵及策略[J].黑龙江高教研究,2008(12):123—125.
[2]　朱士中.美国应用型人才培养模式对我国本科教育的启示[J].江苏高教,2010(5):147—149.
[3]　杨春生,孙琴,吴伟.创新型工程应用本科人才培养新模式探索[J].江苏高教,2010(1):82—84.
[4]　许青云.论高校应用型人才培养对策研究[J].教育教学论坛,2011(5):21—23.
[5]　张大良.改革创新　努力构建具有区域特色的现代应用性高等教育体系[J].中国高教研究,2014(12):5—7.
[6]　严欣平,陈显明.深化改革,走应用技术型高校发展之路[J].中国高等教育,2014(Z2):58—60.

列人才。①②③④

(三) 地方普通本科高校的发展困境

地方高等院校原有办学模式带来的发展瓶颈，使得高等教育无法满足我国经济社会发展对应用型人才的现实需要。《国家中长期教育改革和发展规划纲要（2010—2020)》中明确指出，我国教育还不适应国家经济社会发展和人民群众接受良好教育的要求，因而也更加难以满足"人民日益增长的物质文化需要"以及"人民日益增长的美好生活需要"。《地方本科院校转型发展实践与政策研究报告》发现：现有的高等教育存在以学科体系为基础建立起来的专业结构与按照应用技术大学职业和岗位需求设置专业的矛盾；而地方本科院校又存在办学定位趋同，学科专业无特色、与地方产业结构脱节，人才培养"重理论、轻实践"、师资队伍"重学历、轻能力"、办学经费短缺、产学研合作教育不深入等问题。⑤高等教育，特别是地方高校发展过程中的问题，使得培养的学生存在着从事理论研究功底不深、动手操作技能不足的问题。

地方高等教育主要服务于区域经济社会发展，承担着为区域经济社会发展培养高素质劳动力主体的任务，所以地方经济社会及产业结构特征决定了地方高校的办学定位和人才培养特点。由于地方区域的经济社会发展与地方高等教育的关系非常密切，因此，地方高校只有主动适应市场经济发展和高等教育改革的新形势，错位发展，定位在为区域经济社会发展服务中，选择与研究型大学和老牌本科院校不同的发展方略和不同类型的教育

---

① 季桂起,宋伯宁.地方本科院校创新性应用型人才培养模式研究[M].济南:山东大学出版社, 2013:16.
② 严欣平,陈显明.深化改革,走应用技术型高校发展之路[J].中国高等教育,2014(Z2):58—60.
③ 张兄武,许庆豫.关于地方本科院校转型发展的思考[J].中国高教研究,2014(10):93—97.
④ 赵新亮,张彦通.地方本科高校向应用技术大学转型的动力机制与战略[J].高校教育管理, 2015(2):38—42.
⑤ 应用技术大学(学院)联盟.地方本科院校转型发展实践与政策研究报告(R).2013.11.

服务，向应用技术类型高校转型才能赢得并拓展学校发展空间并保持学校可持续发展。①②③

　　从地方高校转型原因的已有研究结果中可以发现如下特点：一是从研究内容来说，研究者从内外部环境出发，充分剖析了地方高校转型的现实原因，包括中国经济社会发展的现实需要、应用型人才的现实需要、高等教育发展的内在要求以及地方高校发展困境等。二是从研究对象来看，研究主体仍然集中在地方本科高校或高职院校，很少涉及其他教育主体。三是从研究方法来看，主要以理论思辨与经验总结为主，缺乏系统规范的实证研究。四是对地方高校无法满足区域经济社会发展需要的深层次原因缺乏深入探讨。

三、地方普通高校向高等职业教育转型的路径研究

　　地方普通高校要顺利实现转型，必然要遵循高等职业教育的内在规律以及现在和未来的社会人才需求。概括起来，地方普通高校向高等职业教育转型的路径研究主要集中在以下方面。

（一）明确办学理念与培养应用型人才

1. 明确办学理念

　　由于地方高校承担着为区域经济社会发展服务的职能，因此，明确地方高校的办学特色是地方高校转向应用技术型大学的首要任务，同时他们将服务地方区域经济发展、培养应用型人才，作为确定办学特色的立足点。④⑤在未来的发展过程中，地方高校的办学理念由追求精英化向办好应用技术型高校转型已势在必行。⑥

———————————

①　杨春生,孙琴,吴伟.创新型工程应用本科人才培养新模式探索[J].江苏高教,2010(1):82—84.
②　朱士中.美国应用型人才培养模式对我国本科教育的启示[J].江苏高教,2010(5):147—149.
③　许青云.论高校应用型人才培养对策研究[J].教育教学论坛,2011(5):21—23.
④　叶丹,罗静,侯长林.利用区域资源 推进专业建设转型[J].中国高等教育,2014(18):30—31.
⑤　董立平.地方高校转型发展与建设应用技术大学[J].教育研究,2014,08:67—74.
⑥　许青云.论高校应用型人才培养对策研究[J].教育教学论坛,2011(5):21—23.

2. 培养应用型人才

①应用型人才的概念

根据与世界的交往方式，人才可分为认识世界的学术型人才和改造世界的应用型人才。研究型人才是发现和研究客观规律的人才，[①]其主要任务是致力于将自然科学和社会科学领域中的客观规律转化为科学原理。[②]而应用型人才是一个相对概念，相对于认识世界的学术型人才，研究者们认为应用型人才是一种将理论转化为实践，并创造社会价值的人才。顾名思义，应用型人才主要是在一定的理论规范指导下，从事非学术研究性工作，其任务是将抽象的理论符号转换成具体操作构思或产品构型，将知识应用于实践。[③]从另外一个角度看，应用型人才承担着将学术研究成果转化为社会生产实践，为人类社会创造具有使用价值的物质或非物质形态产品的重任[④⑤]。该概念不仅明确了应用型人才的社会价值，而且为高等职业教育的发展提供了理论依据。

②应用型人才的类型

关于应用型人才分类，研究者从不同角度对其进行了探讨。应用型人才又可分为创造应用型人才、知识应用型人才和技术应用型人才。[⑥]也可以将应用型人才分为工程开发型人才、技术运用型人才和技能操作型人才。[⑦]而比较成熟的分类方式是根据产品的生产过程，将应用型人才分为工程型人才、技

① 吴阿林.应用型人才的层次结构及其指标体系的研究[J].黑龙江高教研究,2006(11):122—124.

② 宋伯宁.山东省高等学校分类研究[M].济南:山东大学出版社,2012.

③ 潘懋元,石慧霞.应用型人才培养的历史探源[J].江苏高教,2009(1):7—10.

④ 宋克慧,田圣会,彭庆文.应用型人才的知识、能力、素质结构及其培养[J].高等教育研究,2012(7):94—98.

⑤ 吴中江,黄成亮.应用型人才内涵及应用型本科人才培养[J].高等工程教育研究,2014(2):66—70.

⑥ 刘健,王春,李奎山.应用型人才的层次及其实践环节的培养[J].黑龙江高教研究,2005(8):126—128.

⑦ 季诚钧.应用型人才及其分类培养的探讨[J].中国大学教学,2006,06:57—58.

能型人才和技术型人才。[1][2]

③应用型人才的基本规格

高层次人才的基本规格可以从知识结构、能力结构、素质结构三个方面进行界定。宋克慧等人相对详细地阐释了知识、能力、素质各子维度的具体内涵，[3]而吴中江、黄成亮则梳理了知识、能力、素质的本质内涵及维度。[4]

按照宋克慧等人的观点，应用型人才应具有知识的专业性与通识性共融特征，所以将知识结构要素划分为专业基础知识、专业发展知识、综合性知识和工具性知识四大类。而应用型人才的能力结构，根据能力的定义以及斯皮尔曼修正后的二因素说，将应用型人才能力结构划分为公共能力、专业能力和发展能力三大类。应用型人才的素质，"素质"是一种心理品质，是以人的先天禀赋为基础的，同时又是在后天环境影响下形成并发展起来的内在的、相对稳定的心理结构及其质量水平。根据应用型人才的素质应该具备通用性与鉴别性共融的特征要求，将应用型人才的素质结构要素划分为基础通用素质、专业智能素质、专业情意素质、综合素质四大类。除了进行各维度的具体划分，宋克慧等人还对每一内容进行了具体界定，为完善应用型人才的能力和素质构成提供了参考和借鉴。

(二) 依据地方需要设置高校专业

根据地方经济社会发展需要和地方拥有的资源，设置相应专业，满足高校专业对各级各类人才培养的现实需要，是地方高校转型发展的关键。因此，国内学者详细论证了依据社会现实需要设置高校专业对高校转型的

---

① 刘维俭,王传金.从人才类型的划分论应用型人才的内涵[J].常州工学院学报(社科版),2006 (3):98—100.
② 宋克慧,田圣会,彭庆文.应用型人才的知识、能力、素质结构及其培养[J].高等教育研究,2012 (7):94—98.
③ 宋克慧,田圣会,彭庆文.应用型人才的知识、能力、素质结构及其培养[J].高等教育研究,2012 (7):94—98.
④ 吴中江,黄成亮.应用型人才内涵及应用型本科人才培养[J].高等工程教育研究,2014(2): 66—70.

重要性。①②

　　在设置专业点的时候，必须充分考虑高校自身的优势、劣势、机遇和挑战等因素。这就是经典的 SWOT③分析法，即在充分分析区域产业结构人才类型和层次需求的基础上，比较分析区域内不同层次、不同类型高校的学科专业的优势、劣势与品牌特色，从而走差异化的发展道路。当然，也可以从综合角度考虑如何设置或优化专业。一是新设置学科专业时坚持增量优化。要紧密结合地方需要，瞄准战略性新兴产业的发展、传统产业的改造升级、社会建设和公共服务领域对新型人才的需求等，主动调整优化学科专业，着力打造一批地方和行业急需的、优势突出的、特色鲜明的学科专业，而且要能够形成若干个学科专业群。二是针对现有的学科专业格局，坚持存量调整。设置学科专业不在多、不在全，而在于优、特、强。三是要有选择性地发展，在"集成整合"上做文章。统筹利用好教育资源，采用集成整合方式，引入竞争机制，改进管理模式，聚集一流教师，集中力量建设一批适应地方需要、体现学校特色的优势学科专业。

　　除了研究者的理论研究，地方高等院校也纷纷尝试着按照地方特色构建专业设置。例如平顶山学院围绕地域文化、低山丘陵区生态修复、地方产业调整发展设置专业，积极拓展工管专业，巩固文理专业，改造教师教育专业，发展新兴专业。该院重点建设电气信息类、文化创意类、生态环境类等学科专业群，积极培育经济管理类、医疗卫生类，大力改造教师教育类学科专业群。厦门理工学院按照国务院海西经济区发展战略和美丽厦门发展规划等战略要求、高层次应用技术型人才的数量、类型与规格等，动态调整本科专业结构布局，逐步形成了"特色的工科、精致的理科、应用的文科"学科专业

①　叶丹，罗静，侯长林.利用区域资源 推进专业建设转型[J].中国高等教育,2014(18):30—31.
②　许青云.论高校应用型人才培养对策研究[J].教育教学论坛,2011(5):21—23.
③　SWOT 分析法，又称态势分析法，就是将与研究对象密切相关的各种主要内部优势、劣势和外部的机会和威胁等，通过调查列举出来，并依照矩阵形式排列，然后用系统分析的思想，把各种因素相互匹配起来加以分析，从中得出一系列结论，而结论通常带有一定的决策性.S 代表优势(Strengths),W 代表劣势(Weaknesses),O 代表机会(Opportunities),T 代表威胁(Threats).

定位，基本构建了"强工程、大文化"的学科专业战略布局。[①]

（三）构建培养应用型人才的课程体系方案

为了推动人才培养方案的真正改革，必须有课程的真正变化，也要有课堂（实验、实训、实习）的实质性变革，否则，学校的一切教育教学改革就会流于形式、内容空泛，成为浮光掠影、口号式的改革。地方高校转型发展是否能落地，关键要看各专业课程教学改革的适切性。研究者深知此道理，所以就如何设置服务应用型人才培养的课程体系方案，纷纷提出相应的观点和解决方案。

1. 确定各专业应用型人才培养标准

确定各专业应用型人才培养标准是构建课程体系方案的首要环节，也将影响人才培养的闭合环节——评价。那么，为了科学确定各专业应用型人才的培养标准，各专业可以依据专业定位、专业特色和专业目标，构建各专业能力体系，同时建立相应的评价标准。在构建应用型人才的培养体系方面，北京石油化工学院探索出了一条自己的特色经验：该校在借鉴 CDIO 大纲、ABET 工程专业认证标准基础上，依据教育部"卓越工程师教育培养计划"通用标准和行业标准，明确了各专业人才培养标准及其对应的能力素质目标体系。[②]

从已有的研究与实践来看，各专业普遍提到应用型人才培养标准包括通识能力、学科基础能力、专业核心能力、专业实践能力，从层次水平上依次递增。大体上可以分为两类，一类是"素质基础、能力本位、应用导向"；另一类是"通识能力、专业基础能力、专业核心能力、专业拓展能力、实践能力与方法能力"。

---

① 黄红武,董立平,王爱萍.应用型本科高校人才培养的特色化研究——以厦门理工学院"亲产业"大学办学实践为例[J].大学(学术版),2012(4):56—61.
② 郭文莉.转型与建构:行业背景地方高校工程应用型人才培养模式改革[J].高等工程教育研究,2012(4):25—33.

2. 依据人才培养目标设置课程门类及内容

从现有的研究可以发现，各专业在确定应用型人才培养目标后，可依据目标设置"通识课程—学科基础课程—专业方向课程—专业实践课程"递进式课程体系。无论是"通识课程—专业基础课程—专业核心课程—专业拓展课程—实践课程与方案课程（课程、模块与环节）"，还是"通识课程—学科基础课—专业课"的课程体系，许多地方高校也确实建立了类似的课程体系，例如重庆科技学院构建了由通识教育课程、学科基础课程、专业核心课程和专业方向课程组成的应用型人才培养课程体系。

3. 以实践为导向的教学模式

在教学方面，研究者认为产教融合是高校转型的重要方式，所以提倡高校构建以实践为导向的教学模式，鼓励教师采用多种教学方式增强学生的职业实践能力，尤其是以行业问题为核心的项目学习；同时建议打造校外第二课堂，构建校内外一体化教学体系。应用技术大学可以借鉴"卓越工程师培养计划"和"卓越文科人才培养计划"的实践探索经验，构建实践教学新体系。此外，教师应强化学生的专业基本技能训练，推行项目驱动、工程师进课堂的方式，同时可采取案例式、项目驱动式、讨论式、启发式等灵活多样的教学方法，为学生提供更多的实践机会，使知识性课程技能化、实践化。[①]

同时，温州大学、北京石油化工学院等高校也尝试着构建以实践为导向的教学模式。温州大学推行基于岗位素质要求的"121"渐进式实践教育模式，"1"是第一学年在课程教学中开展以实践案例库为基础的启发式教学，增强学生的岗位意识；"2"是第二、三学年开展以单元项目库为基础的研究性教学，培养学生的岗位经历和岗位单元能力；"1"是第四学年主要以开放式综合项目库为基础，通过企业参与的开放式学习，培养学生的岗位经历和岗位综合能力（鲍铭莹，2014）。北京石油化工学院以问题解决和项目导向的思路整合实践教学内容，努力使实践教学任务体现出社会实际和工程实践的

---

① 许青云.普通本科高等学校转型的思考[J].国家教育行政学院学报,2015,03:38—43.

综合化、系统性和复杂性，将面向工程、面向应用的思想贯穿到实践教学的全过程。

4. 加强教师队伍建设，特别是打造"双师型"教师

地方高校转型、应用型人才的培养仍需要加强教师队伍建设，尤其是打造"双师型"教师。学校只有突破教师知识结构与实践教学能力方面的瓶颈，加强"双师型"教师队伍建设和教师整体教学能力的提升与"转型"，才能在真正意义上实现地方高校的转型。①为了突破现有教师的缺陷，地方高校一方面积极引导理论型教师向应用型教师转型；另一方面加大学校"双师型"教师的培养力度，吸引专业技术人才和高技能人才担任兼职教师。②为了推动理论型教师向应用型教师转型，可以采取下列措施：对大批引进的海内外毕业的青年博士进行企业锻炼，每三至五年一轮，全职到企业上岗工作或研究一年，晋升高级职称必须先取得相关行业的工程师、技师等职称证书或职（执）业资格证书等。

5. 加强校企合作，实现产学研融合

研究者从人才定位、专业设置、课程体系和管理机构等多个方面，阐述了高校与企业进行合作的重要性及其合作机制，从而实现产学研融合。为此，要建立专门校企合作机构，从人才培养目标、课程建设、师资队伍建设等方面开展合作，通过建立校企合作基地集聚区，借助毕业生资源，积极主动与企业开展各种合作，实施人员交流计划，加强校企合作交流基础，开展订单班合作模式，开展"3+1"的人才培养模式改革等。③校企合作办学的基本途径有很多种，包括共同设置培养计划、共同建立人才培养基地、共同承担科研项目、共同组建师资队伍。校企合作办学的模式采用"3.5+0.5"模式。校

---

① 张婕，陈光磊.德国应用科技大学对我国地方高校转型发展的启示[J].国家教育行政学院学报，2015（1）：87—90。
② 赵新亮，张彦通.地方本科高校向应用技术大学转型的动力机制与战略[J].高校教育管理，2015（2）：38—42.
③ 王彩霞等.基于校企合作的地方性应用型人才培养新模式探索[J].安阳师范学院学报，2015（3）：150—152.

企合作应注意的问题是校企合作需要政府搭台。①也有学者从人才培养目标、课程体系和教学内容、评价体系、教学评价方法等方面研究了校企合作模式，提出允许企业技术人员根据自身的实践经验和对教学的独特理解，建立具有校企合作特色的教育教学评价方法。从与中小企业的合作、对企业参与合作培养模式的回报、"双师型"教师队伍的建设、学生学术能力的培养等几个方面对校企合作的问题提出建议。②当然，校企合作共建实验室也要注意很多问题，例如：加大地方政府对校企合作的扶持、完善校企合作共建实验室的运行管理制度、建立完善的校企共建实验室组织与管理机构、加强校企合作共建实验室的开放力度、提高对校企合作共建实验室的法律风险防范意识、建立校企合作共建实验室考核评价和激励机制。③

从地方高校转型途径的已有研究发现，这方面的研究存在着如下特征。一是目前有关地方高校转型途径的研究较多，涉及了培养模式、课程体系和师资队伍建设等。二是从内容上来看，研究者提出了一系列相对完善的实施途径，具体包括明确办学理念，确定培养应用型人才的育人目标；依据地方经济发展需要和地方资源，设置配套专业；构建培养应用型人才的课程体系方案，确定各专业应用型人才培养标准，依据人才培养目标设置课程门类及内容，推行以实践为导向的教学模式；加强教师队伍建设，特别是打造"双师型"教师；加强校企合作，实现产学研融合等。三是从研究对象来看，已有研究的研究对象主要是地方本科高校或高职院校。四是从研究问题层面来看，主要还是停留在宏观和中观层面，微观层面的研究内容不多。五是从研究方法来看，研究者多采用理论思辨和经验总结，而科学规范的实证研究偏少。

---

① 王玮玲,熊新.关于地方高校校企合作办学的探讨[J].纺织教育,2007(6):15—17.
② 罗文广等,地方院校应用型本科人才的校企合作培养模式研究 [J].实验技术与管理,2013,03:15—18.
③ 唐丽丽,校企合作共建共享开放式工程实验室的实践与探讨[J].广东化工,2013(21):192—193.

四、高等职业教育向本科升级的国际研究

随着科学技术的迅猛发展和产业升级速度的加快，我国的高等职业教育正在向本科阶段扩展。而在发达国家，已经形成了集大专型、本科型和研究生型高等职业教育于一体的完整的高等职业教育体系，尤其是本科层次高等职业教育已经成为高技能人才的重要供给主体。

发达国家的本科高等职业教育已经走过了数十年的历史。随着科技进步和产业升级的速度不断加快，全球职业教育的层次也在不断升级。据粗略统计，世界职业教育的办学层次从初等教育到中等教育历经数百年，从中等层次到高等专科层次历经百余年，从高等专科层次到本科层次仅仅花了几十年，从本科层次到硕士、博士层次只花了几年时间。[①]从美国、德国和日本等高等职业教育发达的国家看，二战是中等职业教育和高等职业教育的分水岭。二战之前，中等职业教育发挥着职业人才培养的骨干作用；二战之后，专科高职逐渐显现出职业人员培养的骨干作用。美国是社区学院，德国是工程师学院和高级专业学校，日本则是高等专门学校和短期大学。

进入20世纪60年代后，由于新形势下技术具有向综合化、复杂化发展的特征，使职业教育层次持续高移。[②]产业发展和技术进步对高技能人才的规格和素质提出了更高的要求，原有的专科型高等职业教育已经不能满足需求。当时美国教育家哈洛德·福切克（H.A.Foechek）就敏锐地判断出："在将来某一时候，大学本科水平上至少有四种类型的学士学位教育计划：科学类、工程科学类、工程类和工程技术类。"其中工程技术类就属于高等职业的范畴。1967年，普渡大学中北部分校（Purdue University North Central Campus）开设了行政管理、市场营销、机械与机电技术等多个高职类专业。20世纪70

---

① 李均,赵鹭.发达国家本科层次高等职业教育研究——以美、德、日三国为例[J].高等教育研究,2009(7):92—93.

② 马燕.发展本科层次职业教育:动因、问题与出路[J].中国职业技术教育,2014(20):14—18.

年代初，受美国政府推行的"生计教育运动"的影响，包括宾夕法尼亚大学在内的近 300 所大学陆续增设了技术学院或高等职业教育类专业，学制有两年制和四年制之分，四年制的就是本科高职，可以获得学士学位。①进入 20 世纪 90 年代后，大量的美国社区学院也开始开设学士学位课程，只是大部分是和四年制大学合作完成，采取的是"2+2"模式。当然，也有部分社区学院开始单独授予学士学位，也就是社区学院的本科高职教育。紧随美国之后，德国和日本的高等职业教育也开始向本科层次跃升。在德国的高等职业教育发展史上，有一个非常重要的文件，那就是联邦德国于 1968 年 10 月通过的《联邦共和国各州统一专科学校的协定》，开始在原来的工程师学院、高级技术学校等的基础上组建三年制的高等专科学校（Fachhochschule，简称 FH）。经过三年的发展，FH 的数量为 70 多所。随着经济发展和产业进步，德国的高技能人才的供给已经不能满足需求，于是，从 20 世纪 70 年代中期开始，三年制的专科高职陆续升级为四年制的应用科技大学（德文简称仍然是 FH，但是英文名字改为了 University of Applied Sciences），从此正式开启了德国的本科高等职业教育。

　　20 世纪 70 年代，日本经济正处于飞速发展时期，产业的升级换代对高技能人才提出了更高的要求，于是，本科高等职业教育应运而生。其里程碑式的事件是 1976 年建立了两所本科高职大学：长冈技术科学大学和丰桥技术科学大学，学制均为四年。采取的是本硕贯通的人才培养模式。1995 年，日本又增加了东京都立科学技术大学、帝京技术科学大学。日本的高等职业教育与产业发展相互促进，推动形成了与德国 FH 一样高职特色鲜明、办学质量较高以及社会声誉卓越的本科高等职业教育机构。进入 20 世纪 90 年代后，日本开始在专门学校创设"专攻科"制度，作为专科高职之上的提高层次。因此，日本的本科高职既来自新建大学，也来自专科高职院校举办的本科高职。

---

① 李均,赵骘.发达国家本科层次高等职业教育研究——以美、德、日三国为例[J].高等教育研究,2009(7):92—93.

从发达国家的本科层次高职院校的发展历程可以发现，本科高职院校的形成可以概括成如下四大途径。一是专科高职升格为本科高职模式。也就是在原来的专科高职或其他技术学院的基础上升格为本科高职，德国的应用科技大学（FH）就是典型的例子。二是新建本科高职院校。日本的技术科学大学是这类模式的典型代表。三是学术型大学衍生出来的本科高职。例如美国的很多学术型（普通）大学就衍生出很多本科高职专业。四是专本混合型。例如美国的社区学院本来全是专科型高职，后来又开始举办或联合举办本科层次高职，日本的专门学校开设的"专攻科"都属于此类途径。在我国大力推动本科层次高等职业教育发展的时代背景下，发达国家的经验将对我国本科层次高等职业教育的发展发挥积极的借鉴作用。

五、国际视野下高等职业教育的核心能力与素养

无论是发达国家，还是发展中国家，都非常关注通用职业能力以及高等职业教育的核心能力与素养的培养。在美国，通用职业能力被称为"Foundational skills"，英国则将其称之为通用技能（Common skills）或核心技能（Core skills），德国和澳大利亚则将其称为关键技能（Key competencies）。因此，本部分将在分析通用职业能力相关文献的基础上分析美国和中国的高等职业教育的核心能力与素养。

（一）发达国家关于通用职业能力的研究

发达国家中关于通用职业能力是从事所有职业的基础，发达国家中当属美国、英国、德国和澳大利亚最为典型。在美国，通用职业能力可以概括为三项基本素质和五大基础能力。按照美国劳工部发布的《关于美国2000年的报告》，为了适应未来美国各个行业的发展要求，劳动者必须具备如下三项基本素质和五大能力。三项素质分别为听、说、读、写、算的基本素质、思维素质和道德素质。五大能力分别为合理利用与支配各类资源的能力、处理人际关系的能力、获取信息并利用信息的能力、系统分析能力和运用多种技术

的能力。英国制定的六项核心技能已经得到了政府部门、企业、高校以及各类职业培训机构的广泛重视和认可，具体包括交流能力、数字运用能力、信息技术能力、与人合作的能力、提高自我学习和增进绩效的能力以及解决问题的能力。德国是全球高端制造的代名词，以其高质量的"双元制"高等职业教育系统著称于世，德国提出来的"三大关键能力"是学习者进入日益复杂和不可预测的世界的必备工具，具体包括专业关键能力（即从事各种专业都必须具有的基础能力），方法关键能力（即从事职业活动所需要的工作方法和学习方法），社会关键能力（即个体从事职业活动所需要的行动能力）。虽然澳大利亚也采用了"关键能力"的说法，但是澳大利亚推崇的关键能力是指新世纪的公民在学习、工作、生活上都不可或缺的全方位基本能力，具体包括"八项关键能力"，即沟通能力（包括倾听与理解，清楚直接地述说，阅读并能解释说明工作相关的文档）、团队合作能力（以个体和团队成员身份工作，与不同个体和团队成员写作）、问题解决能力（个人独自或团队协作解决问题）、主动性与事业心（适应新的工作场景和环境）、计划与组织能力（信息收集、分析与组织系统化，在工作角色氛围内发挥主动性并作出决策）、自我管理能力（在相应的工作层面上负起责任）、学习能力（终身参与学习，学习新技术）和技术能力（使用技术相关的工作设备，使用基本的技术技能，将职业安全健康知识始终贯穿于技术使用上），包括 TAFE（Training and Further Education）学院在内的所有注册培训机构都要根据这些能力要求开发相应的课程[1][2]。

（二）美国高技能人才的技能结构

在注重通用职业能力的同时，美国也非常注重高等职业教育学校的学生适应未来社会需求的基础能力或核心能力的培养。例如，2010 年，美国生涯

---

① 崔景茂.澳大利亚与中国职业关键能力培养比较研究[J].职业技术教育,2013(7):88—93.
② 魏星,兰海涛,张亚杭.高职院校学生职业素质教育理论与实践——以重庆工程职业技术学院为例[M].重庆:西南师范大学出版社,2016.7.

和技术教育协会发布了《什么是生涯准备》报告，其中明确提出，为了实现成功的生涯准备，技能人才需要具备如下三方面的额广泛技能：核心学术技能以及把这些技能应用到具体情境中的能力；对任何生涯领域都非常重要的就业能力，如批判性思维和强烈的责任心等；与特定生涯路径相关的技术技能或特定工作需要的技能。韩国也在《2020目标》中强调，要"摒弃以单纯技能为主的职业教育培训，重点培养提高学生'贯穿生涯的雇佣能力'，包括问题解决能力、沟通能力等基础职业能力素养"[1]。美国的高技能人才则直接将技能分为基础技能（基本技能）或核心技能（Basic Research）以及跨职能技能（即这些技能能够适用于多个不同的职业领域）。具体的职业技能分类请参见下表。

表 2-1　美国高技能人才的技能分类表[2]

大类技能名称	中类技能名称	小类技能名称	细类技能名称
基础技能	基础技能	数学与科学	数学
			科学
		批判性思维	批判性思维
		学习能力	主动学习
			学习策略
			自我监督
		书面交流	阅读理解
			写作
		口头交流	积极倾听
			讲话
跨职能技能	社交技能	社会洞察力	社会洞察力
		反应与协调	协调
		说服/谈判	谈判
			说服
		指导/服务	指导
			服务客户
	复杂问题解决技能	问题解决技能	复杂问题解决

---

① 吴道槐,王晓君.国外高技能人才战略[M].党建读物出版社,2014.5.
② 资料来源:美国职业信息网,http://www.onetonline.org/.

续表

大类技能名称	中类技能名称	小类技能名称	细类技能名称
跨职能技能	技术技能	设计	设备挑选
			操作分析
			工艺设计
		装配	安装
			程序编制
		操作	操作与控制
			运行监测
			质量控制与分析
			设备保养
		修复	维修
			故障排除
	系统技能	系统理解	评估与决策
		系统操作	系统分析
		判断与评估	系统评估
	资源管理技能	——	资产管理
		——	材料管理
		——	人力资源管理
		——	时间管理

从美国高技能人才的能力构成可以看出，注重能力的细分和精细管理是美国高技能人才培养的一大特色。虽然我国早在 2000 年时也对高职高专教育的人才培养目标进行过表述，但是显得过于粗糙。当年，教育部在《关于加强高职高专教育人才培养工作的意见》中明确指出："高职高专教育培养拥护党的基本路线，适应生产、建设、管理、服务第一线需要的，德、智、体、美等方面全面发展的高等技术应用型专门人才；学生应在具有必备的基础理论知识和专门知识的基础上，重点掌握从事本专业领域实际工作的基本能力和基本技能，具有良好的职业道德和敬业精神。"此外，在我国原劳动和社会保障部（现为人力资源和社会保障部）的课题研究报告中也认为，职业核心能力是人们职业生涯中除岗位专业能力之外的基本能力，它适用于各种职业，是伴随终身的可持续发展的能力。此外，职业能力培训和职业资格证书体系

可分为三个层次：专业特定技能、行业通用技能和核心技能。核心技能培训与测评项目为八项，即"与人交流""数字应用""信息处理""与人合作""解决问题""自我提高""革新创新"和"外语应用"。①这些表述略显宏观，很难真正落实到具体的高等职业教育的人才培养过程中。

(三) 我国的高等职业教育能力和素养研究

我国针对高等职业教育能力和素养的研究不仅体现在国内的相关政府文件中，也体现在很多学者的研究成果中。

从政府文件角度看，国家一直非常重视学生核心职业能力的培养。虽然国家关于高等职业教育的重大文件中没有明确界定关键能力或通用能力，但是各种提法的内涵却包含了职业能力、职业技能、就业能力或关键能力的概念。例如，教育部在 2006 年教高 16 号文件《关于全面提高高等职业教育教学质量的若干意见》中强调，要"教育学生树立终身学习理念，提高学习能力，学会交流沟通和团队协作，提高学生的实践能力、创造能力、就业能力和创业能力"；在 2007 年教高 2 号文件《教育部关于进一步深化本科教学改革全面提高教学质量的若干意见》中明确指出："要努力提高大学生的学习能力、创新能力、实践能力、交流能力和社会适应能力。"而教育部、财政部 2006 年发布的教高 14 号文件《关于实施国家示范性高等职业院校建设计划》中也明确强调："各地要引导示范院校科学合理地调整和设置专业，改革课程体系和教学内容，将职业岗位所需的关键能力培养融入专业教学体系，增强毕业生就业竞争能力"，高职院校要"积极改革以课堂和教师为中心的传统教学组织形式，将理论知识学习、实践能力培养和综合素质提高三者紧密结合起来，提高学生就业能力"。2007 年，原劳动和社会保障部职业技能鉴定中心发布了《关于颁布职业核心能力培训测评标准（试行）的通知》（劳社鉴发〔2007〕11 号），定义了由七大模块构成的职业核心能力，即与人交流、数字运用、信息处理、与人合作、解决问题、自我学习和创新能力。在《国

---

① 刘朝晖.新职业主义下高等职业教育核心能力的培养[J].当代教育论坛,2010(8):118—119.

家中长期教育改革和发展规划纲要（2010—2020 年)》中则明确强调要"坚持能力为重。优化知识结构，丰富社会实践，强化能力培养。着力提高学生的学习能力、实践能力、创新能力，教育学生学会知识技能，学会动手动脑，学会生存生活，学会做人做事，促进学生主动适应社会，开创美好未来"。这些表述基本上都与国际上的通用职业能力的内涵接近。

从学术研究角度看，既有学者提出了高等职业教育能力的理论模型，也有学者对细分的高等职业教育能力进行了深入研究。从理论模型看，既有三个同心圆模型，也有冰山层次模型，还有模块集合模型。三个同心圆模型认为，在高等职业教育的能力体系中，最核心的能力处于最核心的地位，适用于所有职业的通用职业能力；中间一层是专业基本能力；最外层才是职业岗位能力。冰山层次模型认为，高等职业教育能力可以分为三个层次，水面上露出的部分是职业特定能力，水面下的部分是行业通用能力，更深层次的能力才是核心能力。模块集合模型则认为，每个职业都包括三种类型的能力模块，一是与具体岗位对应的特定能力模块，二是可以和其他职业通用的基本能力模块，三是与所有职业基本要求相一致的核心能力模块[1]。由此可见，这些模型实际上都强调了三大能力，具体的岗位需求能力、行业需求能力以及职业需求能力。

此外，国内有些学者对高等职业教育的能力和素养构成进行了研究[2][3]，也有学者甚至对传统高等职业教育的技能取向能力本位观进行了批判性思考，同时提出了适应科学技术迅猛发展时代的综合职业能力本位观[4]。因为在智能化时代的背景下，跨界的职业工种日益增多，职业任务的复杂性和不确定性大大增强，传统的狭隘的技能取向的职业教育将很难满足未来的社会职业需

---

① 魏星,兰海涛,张亚杭.高职院校学生职业素质教育理论与实践——以重庆工程职业技术学院为例[M].重庆:西南师范大学出版社,2016.7.
② 潘懋元,石慧霞.应用型人才培养的历史探源[J].江苏高教,2009(1):7—10.
③ 宋克慧,田圣会,彭庆文.应用型人才的知识、能力、素质结构及其培养[J].高等教育研究,2012(7):94—98.
④ 闫宁.高等职业教育能力本位的重构[J].现代教育管理,2012(5):79—82.

求。迫切需要包括具体的职业技能在内的综合能力，例如任务规划能力、生涯规划能力、资源管理能力、团队合作能力、自主学习能力、可持续发展能力等。

与此同时，还有学者从职业能力[①]角度出发，总结了国内外职业能力评价指标的最新研究和应用成果，结合我国现代高等职业教育体系的现实情况，综合运用文献研究法、开放式问卷调查等方法，从技术创新和产业升级的视角构建了现代高等职业教育体系下学生的职业能力体系。其中，一级指标包括显性职业能力（包括基础知识和专业能力）和隐性职业能力（包括职业素质、方法能力和社会能力）[②]，具体指标构成请参见下表。

表 2-2　现代高等职业教育的学生职业能力指标

一级指标	二级指标	三级指标	四级指标
现代高等职业教育的学生职业能力评价指标体系	显性职业能力	基础知识	基础科学知识
			专业基础知识
			专业技术知识
			社会知识
			人文知识
		专业能力	岗位认知能力
			项目流程理解力
			制定工作计划能力
			实际操作能力
			工作控制能力
	隐性职业能力	职业素质	社会责任感
			正确的价值观
			科学的环境观
			诚信品质
			服务意识

---

① 职业能力(Professional Competence)是劳动者从事职业所应具备的各种能力的综合,包含三方面的细分能力:某一种具体职业的胜任能力,与职业相关的各种素质,对自身职业生涯的管理和迁移能力。

② 朱颂梅.现代高等职业教育体系下学生职业能力评价体系研究[J].职业技术教育,2013(25):27—32.

续表

一级指标	二级指标	三级指标	四级指标
现代高等职业教育的学生职业能力评价指标体系	隐性职业能力	方法能力	逻辑思维能力
			自我学习能力
			分析能力
			评价反思能力
			开拓创新能力
		社会能力	交流沟通能力
			团队合作精神
			社会资源管理能力
			自我生涯规划能力
			适应不同企业文化能力

在总结国内外通用职业能力的基础上，结合我国高等职业教育发展的实际情况，可以将通用职业能力和职业素养的具体构成进行进一步分解。例如，高等职业教育的通用职业能力包括学习发展能力、沟通交流能力、社会适应能力、团队协作能力、解决问题的能力以及创新能力。职业素养则包括职业精神、职业个性、社交礼仪和自我管理。其中，职业精神又包括诚信意识、敬业精神、责任感、坚韧力、主动自发和自尊自重[1]。

从上面的分析中可以发现，国内外关于高等职业教育的核心能力与素养存在着许多相通之处。在我国明确要"探索发展本科层次职业教育""采取试点推动、示范引领等方式，引导一批普通本科高等学校向应用技术类型高等学校转型，重点举办本科职业教育"的时代背景下，如何结合既有的国内外研究，构建符合本科高职教育发展需求的核心能力与素养体系并转化为实践，具有非常重要的理论和实践价值。

---

① 魏星,兰海涛,张亚杭.高职院校学生职业素质教育理论与实践——以重庆工程职业技术学院为例[M].重庆:西南师范大学出版社,2016.7.

六、已有研究的不足与展望

（一）已有研究的不足

通过分析上述"地方高校转型"的相关研究成果可以发现，目前关于应用型人才培养的研究取得了一定的成果，但是也存在着一定的缺陷与不足。

1. 研究内容的不足

在研究内容上，有关地方高校转型概念、主体、原因、途径等方面的研究较多，并在一定程度上取得了较好的研究成果。例如，关于地方高校转型，明确为是指地方普通本科高校向应用技术型高校转型，从而培养高层次应用型人才；其主体主要是地方普通本科高等学校（包括公办和民办）和本科独立学院。另外，关于地方高校转型的原因，外部原因包括我国经济社会发展与应用型人才现实需要，内部原因包括高等教育大众化发展的内在要求以及地方高校发展困境。再次，地方高校转型的途径主要有：明确办学理念，确定培养应用型人才的育人目标；依据地方经济发展需要和地方资源，设置配套专业；构建培养应用型人才的课程体系方案，确定各专业应用型人才培养标准，依据人才培养目标设置课程门类及内容，推行以实践为导向的教学模式；加强教师队伍建设，特别是打造"双师型"教师；加强校企合作，实现产学研融合等。

但是在研究内容方面，现有的研究仍然存在着一定的争议和空白点。首先，针对地方高校转型的主体，划分标准不统一，是否只包括本科教育仍然存在一定的争议。其次，地方高校转型的途径，某些环节存在内容薄弱、缺乏科学方法的缺陷。例如应用型大学的人才培养标准，研究仍旧单薄。应用型人才的概念界定、基本规格以及各专业人才标准，仍没有明确、系统的解释；课程体系方案虽然有层级课程的设计，但是缺乏课程教学方面的具体内容，导致地方高校转型浮于表面，很难取得实效。在此，已有的研究虽然对地方高校转型的概念、主体等基础问题作出了一定的解释，但是仍缺乏以基础理论为依据的实践验证，也就是缺乏关于地方高校转型的系统化研究。

2. 研究对象的不足

在研究对象上，主要是地方高校，包括地方本科高校或独立学院，高职院校较少，也鲜有涉及普通高中参与到高等职业教育体系的相关研究。由此可见，已有的研究主体仍然比较单一，主要还是局限在本科教育或高职教育的各自体系内部，他们关于地方高校转型的实施，也多为单枪匹马、独自上阵，缺乏各级各类教育系统的协同配合，使得优质资源难以共享，同时不利于弥补各自的发展缺陷。

3. 研究方法的不足

在研究方法上，已有的研究多采用理论思辨、经验总结和案例研究，而科学规范的实证研究方法偏少，特别是定性与定量相结合的研究更少。

（二）未来研究展望

从上述关于高等职业教育已有研究的分析来看，"地方高校转型"的概念、主体以及转型途径等方面虽取得了一定的研究成果，但是仍然存在着诸多亟须完善的方面。首先，有关地方高校转型的概念、主体、定位和方向等方面仍然需要加强基础理论研究，用最前沿、系统的理论指导转型发展。其次，有关地方高校转型的具体培养途径的研究有待加强，尤其是各专业应用型人才培养规格、课程教学具体举措等方面的微观领域研究还存在着很大的提升空间。再次，开展"地方高校转型"基础理论研究与实践研究相结合的综合性研究，避免理论构建与实践的脱节；另外，应更加关注各级各类教育系统协同促进"地方高校转型"的机制研究。最后，在研究方法上应该更多地引入国际比较研究方法以及规范的实证研究，更为系统地探讨我国高等职业教育的人才培养模式创新。

第三章 理论基础与研究设计

一、本研究的理论基础

在与高等教育学专业相关的研究中，大部分研究者都会运用相关理论作为支撑或者依据对研究问题进行分析和解释。有学者研究了从 2007 年到 2016 年某著名高校的 106 篇高等教育学专业的学术型博士论文发现，研究主题主要集中在毕业生就业、专业结构变化、专业设置调整以及专业设置等领域。针对毕业生就业，运用的主要理论如下："工作分层模式"理论、"工资竞争模式"理论、"工作竞争模式"理论、"工作搜寻模式"理论、"反周期就业模式"理论、人力资本理论、筛选假设理论、求职竞争理论、生产技术变化理论、改造工作理论、教育外部关系规律、劳动力市场分割理论。针对专业结构变化，运用的主要理论如下：高等教育大众化理论、教育的内外部关系规律理论、高等教育三角协调理论和系统论等。针对专业设置调整，运用的理论主要如下：教育的内外部关系理论、课程编制理论等。针对专业设置，运用的理论主要是高等教育大众化理论[①]。在借鉴上述理论的基础上，考虑到本研究是在现代科技和产业发展背景下探讨本科层次高等职业教育的

---

① 李鹏虎.高等教育研究中"理论运用"的问题及反思——基于 106 篇高等教育学专业博士学位论文的调查分析[J].国家教育行政学院学报,2017(9):87—94.

人才培养模式如何创新，是本研究将在高等教育大众化的理论框架下，运用人力资本理论的分析框架，借鉴能力本位理论、情境学习理论和新职业教育理论等探讨本科层次高等职业教育的人才培养模式创新问题。

(一) 高等教育大众化理论

高等教育大众化理论的创始者是美国学者马丁·特罗。随着全球高等教育的迅速发展，高等教育大众化理论逐渐成为教育研究领域的主流理论之一。该理论的代表作品是 1962 年的《美国高等教育民主化》、1973 年的《从精英向大众高等教育转变中的问题》、1978 年的《精英和大众高等教育：美国模式与欧洲现实》以及 1998 年的《从大众高等教育到普及高等教育》。按照特罗的观点，高等教育大众化理论包括以量化指标为代表的发展阶段论以及以高等教育系统调整为代表的内涵变化论。

从高等教育的发展阶段角度看，特罗的高等教育大众化理论将高等教育的发展划分为三个阶段，当高等教育毛入学率在 15% 以下时，属于精英化高等教育阶段。当高等教育毛入学率在 15%~50% 之间时，属于大众化高等教育阶段。当高等教育毛入学率在 50% 以上时，属于普及化高等教育阶段。

从高等教育系统的调整角度看，特罗的高等教育大众化理论还包括一系列理论观点。其中最核心的理论观点如下。

一是每个国家的高等教育问题都与数量的增长紧密联系。高等教育发展中出现的问题不是孤立的，应该系统综合地理解这些高等教育问题。

二是高等教育的数量增长有 3 种方式。增长率、教育系统和单个教育机构的绝对规模、高等教育适龄人口入学率。这三种方式常常一起出现，但是高等教育学生数量的增长往往先于其他方面发生变化。

三是高等教育的发展阶段不同，系统性质也将发生变化。当高等教育毛入学率小于 15% 时，高等教育系统的性质几乎不会发生变化。当达到 15% 时，高等教育系统的性质开始发生变化。过渡到大众化阶段后，大中型高等教育可在不改变其性质的情况下，发展规模到适龄人口的 50%。当超过 50% 时，高等教育系统将出现新的创新模式。当然，从精英向大众和普及阶段转变，并不意味着前一阶段的形式和模式必然消失或得到转变，前一阶段的模式仍可能存在某些高等教育机构中。

四是高等教育数量的扩张必将对高等教育系统带来一系列变革。例如，老师和学生的观念、学生接受高等教育的作用、高等教育的社会职能、课程、学术标准的特性、高等教育机构的规模、教学形式、教育机构之间界限的性质、管理模式等都将发生改变。对高等教育系统变化的关注主要集中在三个方面：高等教育系统各个方面或组成部分之间的功能性关系、高等教育系统内部现存功能性关系的变化和问题、高等教育系统与社会经济和政治组织之间的关系变化和问题。

五是学术人员对高等教育规模扩张的态度和观念将对高等教育系统是否能顺利走向大众高等教育以及如何走向大众高等教育产生巨大的影响。

六是在向大众高等教育转变的过程中必然会产生有关质量、平等和扩张的两难问题。高等教育的扩展对标准和质量的影响是复杂和不确定的问题。

七是高等教育发展体现着非常显著的国家差异，与所在国家的经济、社会、文化等因素密切相关。

八是大众高等教育的制度框架将对一个国家高等教育大众化的发展路径产生巨大的影响。制度框架包括高等教育机构的多样性、公共财源之外的收入来源问题以及能够灵活地应对社会需要的机构等。

(二) 人力资本理论与高等职业教育

1. 人力资本理论的历史沿革

人力资本理论是从教育经济学的角度出发研究教育发展与劳动者收入和经济增长之间关系的主要理论依据。按照人力资本理论的观点，人力资本是体现在人身上的资本，即对生产者进行教育、职业培训等支出及其在接受教育时的机会成本等的总和，具体表现为蕴含在人身上的各种生产知识、劳动与管理技能以及健康素质的存量总和。该理论自出现以来，不断完善，揭示了教育与经济发展内在联系的规律，引起了各国经济学家和教育学家的高度关注，使人们对人力资本的形成、作用、收益和作用机理有了新的发现，推动了教育观念的巨大变革，促进了许多国家的教育改革，提升了人力资源水平。人力资本理论的形成和发展对于高等职业教育也产生了巨大的影响，与其他力量一道推动着高等职业教育的规模扩张和层次提升，有效满足了各国经济发展对高层次应用型人才的需求，为经济增长和社会发展作出了巨大的贡献。概括起来，人力资本理论的发展大致经历了如下四个阶段。

第一个阶段是人力资本理论的萌芽阶段。这个阶段的代表人物是著名的古典经济学派的亚当·斯密（Adam Smith），他于 1776 年出版了《国富论》，里面首次提出了人力资本思想。按照他的观点，固定资本中包含所有居民或社会成员获得的有用的能力。"人的才能与其他任何种类的资本，同样是重要的生产手段"（潘懋元，1996），而这种才能是通过包括教育、学校和学徒过程获得的。为了形成人力资本，一般都需要付出现实的成本。因此，人力资本也可以被看作是固定在个人身上的、已经实现了的资本。为了推动社会发展和进步，应该由国家"推动、鼓励，甚至强制全体国民接受最基本的教育"。此后，法国古典经济学家让·巴蒂斯特·萨伊（Jean Baptiste Say）在 1803 年出版的《政治经济学概论》中也表达了同样的思想。他认为，人才，尤其是具有特殊才能的企业家，在生产过程中发挥着特殊的作用。此后，德国经济学家弗利德里希·李斯特（Friedrich List）出版了《政治经济学的国民体系》，里面提出了"精神资本"的概念，这种资本来自智力方面的成果和积累，"各国现在的状况是在我们以前许多世纪的一切发现、发明、改进和努力等等积累的结果，这些就是现代人类的精神资本"。由此可见，李斯特提出的"精神资本"已经非常接近现代意义上的人力资本概念。著名的经济学家阿尔弗雷德·马歇尔（Alfred Marshall）也认为，教育可以开发人力资源的智力，教育投资的得失，不能看它的直接投资，而要看其给劳动者带来的能力和劳动力利用的机会。教育投资会使原来默默无闻的人获得发挥他们的潜在能力所需要的开端。马歇尔还认为，"一个伟大的工业天才的经济价值，足以抵偿整个城市的教育费用。因为，像白赛麦的主要发明那样的一种新思想能增加英国的生产力，等于十万个人的劳动那样多"，"知识是推动生产力发展的最强大的火车头"。在人力资本理论的萌芽阶段，经济学家已经认识到了人的能力及其获得的技能的资本属性，同时认为，这种资本的形成必须依靠投资和积累。这就为后来通过教育和培训等途径促进人力资本的形成提供了理论依据。

第二个阶段是人力资本理论的发展阶段。进入 20 世纪后，人力资本理论获得了新进展。该阶段首位作出重要贡献的学者是美国经济学家欧文·费雪（Irving Fisher），他在 1906 年出版的《资本的性质和收入》一书中明确提出了人力资本的概念，同时并将人力资本纳入了经济分析的理论框架。到了 1924年，苏联经济学家斯特鲁米林（Strumilin）发表了《国民教育的经济意义》，率先提出了教育投资收益率的计算公式。他用劳动简化计算法发现，对工人进行一年的初等教育可比同样时间在工厂工作提高劳动生产率 1.6 倍。1935年，美国哈佛大学的学者沃尔什（Walsh）在其《人力资本观》一文中，引入个人教育费用以及以后的收入指标来计算高中教育和高等教育的经济效益。到了 1958 年，新制度学派的代表人物加尔布雷斯（John Kenneth Galbraith）在其《丰裕的社会》一书中再次强调，现代经济活动需要大量受过训练的人，对人的投资和对物质资本的投资同样重要，改善资本或者技术进步几乎完全取决于对教育和科学的投资。没有对人的投资，物质投资虽也能使产量增加，但这种增长是有限的。

紧接着，作为现代人力资本理论界最具代表性的学者——美国芝加哥大学的西奥多·舒尔茨（Theodore W Schultz）于 20 世纪 50 年代末 60 年代初发表了一系列文章，奠定了现代人力资本理论的重要基础。他在 1960 年出任美国经济学会会长时发表了题为《人力资本投资》的著名演讲，详细阐述了人力资本的概念与性质、人力资本的投资内容与途径、人力资本在经济增长中的作用等思想。这些思想的提出，再加上他对教育投资收益率和教育对经济增长贡献的定量研究，使他获得了 1979 年的诺贝尔经济学奖。继舒尔茨之后，美国的爱德华·丹尼森（Edward Denlson）运用实证计量方法验证了人力资本在经济增长中的作用，研究发现，在美国 1929 年到 1957 年间，经济增长中有 23%应该归功于教育的发展，即对人力资本投资的积累。由于教育水平的提高，劳动力的平均质量提高了 0.9 个百分点，对美国国民收入增长率贡献了 0.67 个百分点，占到了人均国民收入增长的 42%。此外，对人力资本理论作出了巨大贡献的另一位学者是美国经济学家雅各布·明塞尔（Jacob Mincer）。他在 1957 年完成的题为《人力资本投资与个人收入分配》的博士论文中，建立了个人收入分析与其接受培训量之间关系的经济数学模型。此后不久，他在另一篇文章《在职培训：成本、收益与某些含义》中，根据对劳动者个人收益率差别的研究，估算出美国对在职培训的投资总量和在这种投资上获得的收益率。明塞尔不仅最早提出了"收益函数"，而且还用收益函数揭示了劳动者收入差别与接受教育和获得工作经验长短之间的关系。按照他的研究结果，工人收入的增长和个人收入差距缩小的根本原因是人们受教育水平的普遍提高，也就是人力资本投资。

舒尔茨和明塞尔的研究构建了人力资本理论的基本框架，但是缺乏对人力资本理论进行更深层次的分析，特别是没有对整个理论进行抽象化和系统化。1992 年的诺贝尔经济学奖获得者加里·贝克尔（Gary S Becker）则填补了这一空白。他的著作《人力资本》被西方学术界认为开创了"经济思想中人力资本投资革命"，因为他提出了较为系统的人力资本理论框架，同时进一步发展了人力资本理论，使得该理论朝着系统而完整的理论体系方向迈进了一大步。

人力资本理论的产生和发展，使得理论界和实践界都开始高度重视人在物质生产活动中的决定性作用，同时也证明了具有专业知识和技术积累的高层次人才是推动经济增长和社会发展的真正动力。人力资本的积累和提升不仅对美国和亚洲"四小龙"这样的经济体发挥了巨大的支撑作用，也是中国改革开放四十年来经济增长奇迹的重要动力源泉。

第三个阶段是人力资本理论的完善阶段。继 1956 年索洛（R W Solow）发表了论文《对经济增长理论的贡献》之后，一大批主流经济学家开始加入对增长理论的研究中。这些经济学家将人力资本指标纳入严谨的经济数学分析模型，精确地研究资本和劳动要素投入对经济增长的贡献大小，进而提出了若干以人力资本为核心的经济增长模型。最有代表性的当数乌扎华、罗默和卢卡斯。乌扎华（Hirofumi Uzawa，又译为宇泽）是 20 世纪 60 年代中期的日裔教授，他于 1965 年发表了题为《Optimum Technical Change in An Aggregative Model of Economic Growth》的论文，该论文修改了索洛单纯生产部门的模型，开始引进教育部门，从而将原来只包含单纯生产部门的新古典经济增长模型扩展到了包含教育部门和生产部门的两部门模型，被后人认为是最早的人力资本增长模型。

此后，保尔·罗默（Paul Romer）于 1986 年发表了题为《收益递增经济增长模型》的论文，文中的增长模型将技术视为内生化因素，将知识作为一个独立要素纳入了经济增长模型。按照罗默的观点，知识积累是促进现代经济增长的重要因素。一方面，知识能够直接促进生产水平的提高；另一方面，由于知识的外溢性，资本收益率将成为资本的递增函数，该发现能够用来解释世界经济高速增长的原因，也可以用来解释为什么发达国家和发展中国家之间的经济水平差距会不断扩大。

在前人研究的基础上，另外一个著名的经济学家罗伯特·卢卡斯（Robert Lucas）于 1988 年发表了题为《论经济发展的机制》的论文，文中将舒尔茨的人力资本理论和索洛的技术决定论的增长模型结合起来，在此基础上发展形成了人力资本积累增长模型。该模型强调了劳动者从正规或非正规的教育中所积累的人力资本对经济增长的作用。此外，卢卡斯还以阿罗（K J Arrow）的"干中学"理论模型为基础，建立了人力资本积累模型，模型中强调了外部溢出效应对人力资本积累的作用。卢卡斯因为在人力资本积累增长模型中的突出贡献而获得了 1995 年诺贝尔经济学奖。

从人力资本理论的发展沿革中可以发现，人力资本理论将人的知识能力作为经济增长的巨大源泉而加以系统论证，充分揭示了人力资本对于经济增长和社会发展的重要作用。但是，人力资本理论的经典研究更多地将人力资本作为一个整体变量，大量的学者都使用教育年限作为人力资本的替代指标，很少深入人力资本的内部，研究人力资本的具体构成和细分变量对于经济增长、社会发展和教育完善的影响。随着现代心理学技术的发展，能力的测量技术逐渐成熟。近年来的研究发现，被传统人力资本理论视为先天给定的能力，在决定个人社会和经济表现上发挥着核心作用。①这就为学者打开传统人力资本理论的"能力"黑箱提供了可能。

2. 人力资本理论对高等职业教育的影响

高等职业教育作为现代教育体系的重要组成部分，与经济增长和社会发展联系最直接、最密切。高等职业教育的发展是伴随着人类生产和生活方式的复杂化而兴起的，特别是经济和高新技术的快速发展，直接推动了高等职业教育的产生和发展。概括而言，人力资本理论对高等职业教育的影响主要体现在如下方面。

一是人力资本理论要求高等职业教育必须重视产学研相结合。现阶段，高等职业教育遍及各省市，既为国家培养职业技术技能人才，也为地方经济培养特殊需要的人才，高等职业教育只有与地方经济协调发展，形成与地方经济发展相适应的人才需求，才能发挥高等职业教育对人力资本形成的重要作用。正如有学者在研究为什么德国的产品和工艺能独步天下，其中很重要的原因就是通过稳定的劳工队伍造就了大批专业化人才，而世代又在持续不断地积累专业化的技术和技能，进而做到精益求精的生产效果。按照党的十九大报告的相关要求，职业教育必须走产学研结合之路，致力于为社会培养高素质的技术应用型人才。这是我国经济建设发展对高技能人才需求的一个重要体现。

随着我国经济社会的快速发展，伴随着科学和技术的变革性发展，我国的高等职业教育除从事学历教育外，还必须承担为社会提供技术支持和服务的职责，这是我国经济建设发展的必然要求。因此，将高等职业教育的功能、职责和使命放大并渗透在社会变革中，进一步贴近社会，参与经济活动，与企业实现零距离接触，不断推进产学研结合，提升为社会服务的能力，使高等职业教育更有活力，充分发挥高等职业教育培养人才和直接为社会服务的职能，实现高等职业教育与企业的对接，从而达到双赢。只有实行产学研结

---

① 李晓曼,曾湘泉.新人力资本理论——基于能力的人力资本理论研究动态[J].经济学动态,
2012(11):120—126.

合，高等职业教育的培养目标才会更有目标感，更加清楚社会发展需要什么样的人才，了解地方经济需要哪些特质的人才，并进行调整或修正，使培养的人才更加适应经济社会发展需要，真正把高等职业教育作为增加人力资本存量的重要途径。

二是人力资本理论要求高等职业教育必须重视劳动者综合素质的培养。综合素质是新时期社会经济发展对人才提出的新要求，也是科技进步对人才培养的必然诉求。通过高等职业教育的培养，完成社会对人的投资，以提高劳动者的综合素质实现社会生产力的增加。当今社会科学技术的进步和发展，呈现出明显的综合性、整体化趋势，科学技术与人文社会科学越来越相互渗透和融合，继而涌现出大量新兴的交叉和边缘学科；专业化的概念发生了改变，不断出现新的职业岗位，劳动性质增加了创造性，科学劳动的趋势越来越明显；劳动力的流动出现了跨行业、跨区域甚至跨国界的现象等。在这种背景下，高等职业教育必须注重劳动者综合素质的培养，在教育活动中应该结合区域经济特点考虑区域产业结构所对应的人才在职业道德、人文素质、职业技能、创新精神等方面的要求，力求人才培养的规格与区域产业结构、职业岗位要求相一致，这是高等职业教育培养可持续发展人才的必然选择。

三是人力资本理论要求高等职业教育必须重视终身教育的理念。"终身教育"这一术语自1965年在联合国教科文组织主持召开的成人教育促进国际会议期间，由联合国教科文组织成人教育局局长——法国的保罗·朗格朗（Paul Lengrand）正式提出以来，短短数十年，已经在世界各国广泛传播。最近30年来，关于终身教育概念的讨论可谓众说纷纭，甚至迄今为止也没有统一的权威性定论。这一事实不仅从某一侧面反映出了这一崭新的教育理念在全世界所受到的关注和重视，同时也证实了该理念在形成科学的概念方面所必需的全面解释与严密论证尚存在理论和实践上的差距。

人力资本存在着累积性特征，这就决定了人力资本在生产消耗过程中不是重复地补充添加，而是不断地自我积累。每次的补充之后，劳动者个人的人力资本就会有所提高，从而使得人力资本的水平和存量不断上升。一方面，人力资本的形成不是一步到位的，而是随着劳动者本身的成长而不断增长的；

另一方面，人力资本的消耗可以通过自主学习等方法补充损耗，这与物质资本因生产而损耗的状况有所不同。由于人力资本获得的主渠道是教育和培训，这就加深了人们对教育的认识，在一定程度上使得终身教育理念产生并被广泛接受，劳动者通过接受终身教育来提高和完善自己，进而推动了经济增长和社会进步。终身教育是劳动者在一生的各个阶段所受教育的总和，包含着自我学习以及自我教育的理念，是为了劳动者个体的充分自由发展，目标是追求人性的完善和一生的价值。

现阶段，我国的高等职业教育不仅已经成为职业教育的主力军，也是我国高等教育体系的重要组成部分。国家已经明确提出将高等职业教育纳入终身教育体系，可见高等职业教育在终身教育体系中的作用和地位正日益重要。因此，高等职业教育要突破传统的终身教育的旧观念，树立终身教育的理念，努力构建我国职业教育的新结构，建立开放的、多层次的高等职业教育新模式，充分发挥高等职业教育终身教育的功能。在人才培养上，一方面要注重传授知识技能；另一方面要注重受教育者可持续发展能力的培养，为学生适应终身教育奠定基础。也就是说，从人力资本理论出发，高等职业教育不仅要传授现阶段发展需要的知识、技能和素养，还必须让受教育者具备自我学习和自主发展的能力和素养。

（三）能力本位教育理论与高等职业教育

1. 能力本位教育理论的历史沿革

能力本位教育（Competency Based Education，简称 CBE）理论从诞生到现在已经有一百多年的历史，发展成为全球范围内非常重要的一种教育理论。该理论最早形成于美国的教育改革，后来流行于加拿大和西欧各国。其核心特征是从职业岗位的需要出发，确定不同的能力目标。通过学校聘请行业中一批具有代表性的专家组成专业委员会，按照岗位群的需要，层层分解，确定从事行业所应具备的能力，明确培养目标。然后，再由学校组织相关教学人员，以这些能力为目标，设置课程、组织教学内容，最后考核是否达到这些能力要求。它强调以能力作为教学的基础，而不是以学历或学术知识体系为基础，对入学学员原有经验所获得的能力经考核后予以承认；强调严格的科学管理，灵活多样的办学形式。随时招收不同程度的学生并按自己的情况决定学习方式和时间，课程可以长短不一，毕业时间也不一致，做到小批量、多品种、高质量。从而打破了传统以学科为科目，以学科的学术体系和学制确定的学时安排教学和学习的教育体系。以岗位群所需职业能力的培养为核心，保证了职业能力培养目标的顺利实现。概括而言，能力本位教育的发展经历了三个阶段。

第一个阶段是行为主义导向的任务技能观，第二阶段是整体主义导向的关键能力观，第三阶段是建构主义导向的整合能力观。虽然三个阶段的表现形式不同，但是发展的主线都是不同的时代存在着不同的经济、科技和产业发展水平，因而存在着不同的人才需求形式，也就是说，不同时代对人才所具备的能力结构和素质特征的要求是不同的。19世纪末20世纪初，以电力的广泛应用为标志的第二次工业革命席卷美国和欧洲诸国。工业革命带来了产业革命，也带来了社会生产结构的巨大变化。正如杜威在《学校与社会》中描述的那样："首先引起注意的那个笼罩一切甚至支配一切的变化，是工业的变化——科学的应用导致了已经大规模地和廉价地使用各种自然力的重大发明，以生产为目的、供应这个市场的大规模制造业中心及遍布各地的廉价而迅速的交通工具和分配方法在发展起来。"电力的应用带来了制造业的迅速发展，分工越来越细，操作的技术要求越来越高，客观上要求每一个工作岗位的工人能够高度娴熟地、非常专业地掌握本岗位所需的工作技能和技巧。在这种特定的时代背景下，北美开始兴起了能力本位运动，将岗位任务技能看作是能力的核心，同时将岗位能力细化为一项项具体的任务技能。正如美国学者Richard W.Burns在其名为《能力本位的教育：概论》（Competency—based education：an introduction，1972）一书中分析的那样："能力本位的教育是建立在对某一岗位所需能力甄别与陈述的基础上的……通常是以特定的行为化目标来陈述甄别出来的操作性技能。"

第二个阶段是整体主义导向的关键能力观。进入20世纪40年代以后，以原子能的利用、电子计算机的发明和空间技术的发展为特点的第三次科技革命以及随之而来的产业革命。这是"一场世界性的、全方位的科技革命，其规模和影响远远超过以往的蒸汽革命和电力革命，从信息、能源到材料，几乎每个科学技术领域都发生了深刻的变革，可以说，这场革命将人类带进了一个科学技术的时代"。社会生产方式随之从原来的"少品种大批量"转向了"多品种小批量"，对生产者的素质也提出了新的要求。原因有两个方面，一是科技的不断进步使得知识和岗位技能的老化速度日益加剧，从而对劳动者提出了持续学习能力的要求；二是小批量多品种的生产方式要求劳动者能在多个职位间频繁地变换工作岗位。这就从需求层面对劳动者提出了新的能力要求，即具备一种不易被淘汰的、能在不同的知识间相互迁移的、在不同职业间能够通用的职业能力，也就是后来常说的关键能力。在这种发展背景下，传统的行为主义导向的职业能力观开始受到学者的质疑，同时学者认为能力不能简单地等同于操作行为，而应该是看不见的个人的内在素质。此后，德国也提出了"关键能力（Key competencies）"，英国则提出了"核心技能（Core skills）"。无论是哪种提法，都强调了劳动者的能力是一种整体性的结构，不能把它分解为一项项的岗位任务技能。它强调的是大多数职业或岗位都要求的通用性的素质和能力。反映在高等职业教育领域，就是职业教育的初始阶段开始重视人文素质培养和专业基础知识的掌握。由于过分强调整体性，该理论在一定程度上忽略了特定岗位所需的任务技能，对于高等职业教育的后期所需的特定岗位职业技能的实训以及专业性较强的企业岗位技能培训尚需加强。

　　第三个阶段是建构主义导向的整合能力观。进入 20 世纪 70 年代之后，新科技革命以前所未有的广度和深度影响着产业形态。计算机与信息技术高速发展、基于计算机的自动化控制系统、互联网的诞生和推广等大大提高了传统产业的劳动生产率，同时也带来了社会生产方式和产业结构的巨大变革，信息化、智能化、自动化和网络化开始渗透到所有的产业门类，进而对劳动者的文化素养和专业技能水平提出了更高的要求，既要具备一般性的科学文化素养，也需要特定的岗位知识和技能，这就是整合性的综合职业能力。该理论试图在行为主义导向的任务技能观和整体主义导向的关键职业能力观之间架起一座沟通的桥梁，将劳动者应该具备的一般性素质（例如"工作态度""思维模式"等）与具体工作情境所需的"知识"和"技能"等结合在一起，从而建立起与具体工作情境相联系的复杂的素质结构，包括通用知识、专业知识、通用技能、专业技能、工作态度、思维模式等。这种职业能力观已经接近我国现阶段所提倡的综合职业能力观。

2. 能力本位教育的最新内涵

经过三个阶段的发展，能力本位教育理论正在随着经济、科技和产业的发展实践而日趋完善。现阶段，能力本位教育以全面分析职业角色活动为出发点，以提供产业界和社会对培训对象履行岗位职责所需要的能力为基本原则，强调学员在学习过程中的主导地位，其核心是如何使学员具备从事某一职业所必需的实际能力。它是以从事某一具体职业所必须具备的能力为出发点来确定培养目标、设计教学内容、方法和过程、评估教学效果的一种教学思想与实践模式。由于各国或各学校对能力本位教育的理解不同，所以在实践中的具体做法也不尽相同，因而能力本位教育在不同地区或机构被视为一种"学习过程的管理""职业技术教育的系统开发计划""课程开发模式"或"教学模式"。当前，从实践角度看，能力本位教育包括如下五大要素。

一是以职业能力为教育的基础，并以之作为培养目标和教育评价的标准。以通过职业分析确定的综合能力作为学习的科目，以职业能力分析表所列专项能力的由易到难的顺序安排教学和学习计划。二是以能力为教学的基础。根据一定的能力观分析和确定能力标准；将能力标准转换为课程，通常采用模块化课程。三是强调学生的自我学习和自我评价。以能力标准为参照，评价学生多项能力，即采用标准参照评价而非常模参照评价。四是教学上的灵活多样和管理上的严格科学。通常采用适应个别化差异的个别化教学。五是授予相应的职业资格证书或学分。

由此可知，能力本位教育的最大特点是整个教学目标的基点是如何使受教育者具备从事某一种职业所必需的能力，因此目标很具体，针对性强。为了做到这一点，就必须强化行业用人部门和学校教育部门间的紧密合作。同时，由于在制订教学计划时把各项岗位要求进行系统分析，再组成一系列教学模块或单元，使不同起点、不同要求的受教育者都能根据自己的情况取舍，所以具有很大的灵活性。对沟通职前和职后的培训，正规和非正规教育都有好处。在教学组织管理上也自然突出了个别化的特点。

能力本位教育具有四方面的优势：一是能力本位职业教育的教学目标明确，且针对性和可操作性强；二是课程内容以职业分析为基础，把理论知识与实践技能训练结合起来，打破了僵化的学科课程体系；三是重视学习者个别化学习，以学习者的学习活动为中心，注重"学"而非注重"教"；四是反馈及时，评价客观，为标准参照评价。

能力本位思想孕育着一种崭新的教育评价尺度和配置人力资源的重要原则，它不同于传统的知识本位、学科本位的职业教育价值观，它为职业教育体系改革提供了新的思想动力和理论支持。在能力本位思潮影响下采用的一些方法和手段，如进行职业分析、按应备能力设计教学内容、发展产学合作的教育形式等也有效地缩小了职业教育与经济发展的距离。尽管能力本位职教思潮日益被素质本位、人格本位职教思潮所取代，但它的基本思想、它对能力的强调至今仍有市场。

当然，从20世纪90年代开始，能力本位理论也受到了很多学者的批评。例如，英国的巴勒特（Barnett）就明确指出，按照不同的职业种类或职务范畴将教育内容设计为相应的单位，不仅很难开发出系统的课程，而且过分强调具备完成特定职业或职务所需要的基本能力可能会导致忽视学生思考能力或理解能力的培养。但是无论怎样批评，都无法动摇能力本位理论在高等职业教育中的重要作用。

3. 能力本位教育对高等职业教育的影响

能力本位教育理论不仅曾经对高等职业教育产生过重要的影响，也将影响着现在和未来的高等职业教育发展。概括而言，能力本位教育对高等职业教育的影响将主要体现在如下方面。

首先，能力本位教育理论将影响高等职业教育的课程体系。应该根据通用职业能力和专业职业能力确定高等职业教育的课程体系和培养标准，让高等职业教育毕业生既能具备必要的素质和文化知识基础，也能适应高技能工作岗位的一线需求，同时还具备一定的创新及实践能力。

其次，根据能力本位教育理论确定高等职业教育的培养目标。在确定高等职业教育的培养目标时，应该综合考虑学生的需要、社会发展的需要、学科发展的需要以及职业发展的需要。要将学生需要培养的能力进行分解，将培养目标分解为通用能力目标和职业能力目标，并根据培养目标完善相应的课程内容和培养方式。

再次，高等职业教育的学生评价标准应该有别于学术型高等教育。在高等职业教育领域，能力本位教育的评价强调对学生的评价不完全以知识的掌握程度来评价学生的学习效果，不完全以学生考试的分数来评价学生的全部学习成绩，而是以是否达到能力的标准来衡量学生的学习成绩，不仅注重结果性评价，更应该注重过程性评价，或者要重视过程与结果。

综合上文的分析可以发现，能力本位教育已经成为世界职业教育改革的一个重要趋势。荷兰韦塞林克等学者构建的能力本位教育评估框架从评估准则、评估指标到评估等级都揭示了基于能力本位的职业教育的本质要求。鉴于此，我国的高等职业教育应该在培养理念、师资队伍、课程体系、岗位实践和目标评价等几个方面进行相应的改革和创新，才能真正实现符合能力本位教育理论精神的高等职业教育发展模式。

（四）情境学习理论

1. 情境学习理论的产生和发展

情境学习理论的哲学基础可以追溯到"情境理性"（Situated rationality）的知识观。德国著名的哲学家哈贝马斯（德文原名为 Jürgen Habermas）于1994 年出版的英文版《后形而上学思考》一书中正式提出了"情境理性"的概念。情境理性最核心的思想就是人类的理性总是嵌入在具体情境里的，并随着情境的变化而变化；先验的、抽象的、普适的理性是不存在的。每一种情境都是人类在某一个特定的时空点上发生着的认知过程与人生体验。所以正如哈贝马斯所言，情境理性最讲究的就是学习者之间相互采取一种理解对方的态度进行充分的对话和交流，不断扩大个人"局部时空的知识"，从而达到学习的预期目标。

在现实世界中，在传统的漫长的学校教育体系中，学习者与现实环境、知与行处于相互分离的状态。学校教育更多地关注抽象的、简化的和去情境化的概念。直到 20 世纪 80 年代末，随着信息科学和认知心理学的发展，一部分学者开始对学习者与情境、知与行相互分离的观点进行了挑战。例如，Brown 等人（1989 年）认为，知识是有特定情境性的，它要受到知识所使用的活动、情境以及文化的影响，并且与它们不可分离。活动不是学习与认知的辅助手段，它是学习整体中的一个有机组成部分。因此，学习者在特定的情境中通过活动和参与获得了相关的知识，学习与认知的本质是情境性的，知识的获得与情境之间是一个动态的相互作用过程。进入 20 世纪 90 年代后，情境学习理论（Situated learning theory）正式诞生。其代表人物是美国加州大学伯克利分校的简·莱夫（Jean Lave）教授和独立研究者爱丁纳·温格（Etienne Wenger）。

此后，情境学习理论又获得了进一步发展。例如，Barab 和 Duffy 的研究认为，人们在某种现实情境中通过实践活动不仅获得了知识与技能，同时还形成了某一共同体成员的身份（identity），两者不可分离[①]。按照 Lave 和 Wenger 的观点，这种情境就是"实践共同体"，因而将之定义为"一群追求共同事业，一起从事着通过协商的实践活动，分享着共同信念和理解的个体的集合"[②]。由此可见，在空间上聚集在一起的任一群体并不一定都是实践共同体。只有具备了共同的任务，通过使用工具、利用资源并通过实践活动完成共同的任务，拥有共同的历史、知识基础与假设，同时各自担负相应的责任[③]。至此，学习情境理论从诞生到发展，并且渐趋成熟和完善。

---

① Barab, S.A.&Duffy, T.From practice fields to communities of practice.In: D.Jonassen & S.M.Land.(Eds.) Theoretical Foundations of Learning Environments Mahwah, NJ: Lawrence Erlbaum, 2000: 25—26.

② Lave, J.&Wenger, E.Situated learning: Legitimate peripheral participation.Cambridge, United Kingdom: Cambridge University Press.1991.

③ Driscoll M.Psychology for learning instruction(2nd edition).Boston: Allyn and Bacon.2000.

2. 情境学习理论的最新内涵

按照情境理论的观点，认知能力固然重要，但不能脱离具体的情境。如果脱离了具体的实践环境，不仅认知能力难以真正形成，而且即使形成了也只会纸上谈兵，毫无用武之地。对于学习者个体而言，学习成功的根本标志就是能够越来越容易地、更加有效地参与团体重要的实践活动。也就是说，学习是一个不断增长其实践能力并不断社会化的过程。无论学习的具体内容是什么，最终都是以形成个体参与实践活动的能力为目标。同时还能在实践活动中对所在团体作出自己的贡献。正是因为情境以及社会化的重要性，情境学习理论特别强调学习结果的默会性，那些隐含在人的行动模式和处理事件的情感中的默会知识（Tacit knowledge）是可以灵活运用的概念工具，学习者通过合法的边缘性参与就可以非常便捷地获得他们所需要的知识，而这些知识在传统的课堂教学中很难获得。

情境学习理论认为，学习不仅仅是一项个体性的意义建构的心理过程，更是一个社会性的、实践性的、以差异资源为中介的参与过程。知识的意义连同学习者自身的意识与角色都是在学习者和学习情境的互动、学习者与学习者之间的互动过程中生成的。因此，学习情境的创设就致力于将学习者的身份和角色意识、完整的生活经验以及认知性任务重新回归到真实融合的状态，由此力图解决传统学校教学中与自我、与情境相互脱离的弊端。正是因为知识存在着社会性和情境性等特征，学习的本质是对话而不是单向灌输，在最有效的学习过程中所经历的就是广泛的社会协商。该理论虽然在西方学术界最早完成了理论化，但是相应的观点在中国的传统文化中早已存在，"实践出真知""知行合一"应该才是情境学习理论最早的阐释和源头。

3. 情境学习理论对高等职业教育的影响

从上面的分析中可以发现，情境学习的意思就是在要学习的知识、技能的应用情境中进行学习。也就是说，你要学习的东西将实际应用在什么情境中，那么你就应该在什么样的情境中学习这些东西。正所谓"在哪里用，就在哪里学"。因此，对于高等职业教育而言，情境学习理论具有非常重要的借鉴意义。这些意义主要体现在如下方面。

首先，以情境学习理论为基础完善高等职业教育的人才培养过程。从情境学习理论的内涵可以发现，高等职业教育学生的学习或者教学过程完全可以在该理论的指导下，科学设计方法，取舍教学内容，更新教学理念，从学习的动机、本质、内容、过程和评价五个方面对高等职业教育的学生进行全程指导，进而培养出合格的职业人才，特别是高端技术技能人才，以适应未来经济社会发展对人才的需要。

其次，进一步完善高等职业教育人才培养的实习实训课程。在真实的工作情境中，不仅能进一步巩固和验证课堂教学中得到的知识，还能意会到很多课堂和书本无法学到的知识和技能。尤其是在后半期的专业理论和专业技能课的学习过程中，高质量的情境至关重要，给学生一个参与共同体实践、人际互动和情境浸染的机会。

再次，为高等职业教育学生提供多元化的培养途径。除了实习实训，高等职业院校还可以为学生提供学徒制、导师项目团队共同体、创业平台构建等多元化的培养途径，真正让学生在多元化的情境浸染中提升核心职业技能与素养。

（五）利益相关者理论

1. 利益相关者理论（Stakeholder Theory）的产生和发展

利益相关者理论起源于西方经济学家对公司治理机构的研究，最早源于20世纪60年代，当时美国斯坦福大学的一些学者用"利益相关者"来指称所有与企业有着密切关系的人。随着研究的不断深入，利益相关者理论开始兴盛于20世纪80年代，其代表人物是弗里曼（Freeman），1984年出版的《战略管理：利益相关者管理的分析方法》一书中弗里曼认为，企业的经营管理必须综合平衡各个利益相关者的利益要求。传统的股东至上思想将难以为继，任何一个企业的可持续发展都离不开各利益相关者的投入和参与。因此，按照利益相关者理论的形成和发展路径，可以将利益相关者理论的发展概括为如下三个阶段。

第一个阶段是企业依存阶段。典型的代表性学者有 Rhenman、Ansoff 等。

主要观点是认为利益相关者是企业生存的必要条件，两者之间是相互依存、相互依托的关系。

第二个阶段是战略管理阶段。典型的代表性学者有 Freeman、Bowie 等。主要观点是认为利益相关者是影响企业经营发展的重要因素，利益相关者理论应与现代战略管理理论实现有机结合。

第三个阶段是动态演化阶段或参与所有权分配阶段。典型的代表性学者有 Mitchell、Agel Wood 等。主要观点是认为利益相关者应该参与对公司所有权的分配，应该用动态的眼光来看待利益相关者理论。

随着利益相关者理论相关研究的不断深入，利益相关者理论已经与经济学、管理学、社会学、教育学等实现了融合发展，已经成为用来研究公共部门管理、环境治理和创新治理等的重要理论工具。

2. 利益相关者理论的最新内涵

利益相关者理论的前提和基础是利益相关者的概念界定。综合弗里曼等国内外学者的观点可以发现，利益相关者是指那些在企业的生产活动中进行了一定的专用性投资，并承担了一定风险的个体和群体，其活动能够影响或者改变企业的目标，或者受到企业实现其目标过程的影响。①

组织追求的是相关利益者的整体利益，而不能仅仅是某些主体的特定利益，这也是利益相关者理论的核心内涵。但由于不同的利益相关者对于组织的生存和发展的重要性有所不同，他们对组织发展的专用性和收益性都不太一样，承担的风险也不一样，因此，针对不同的利益相关者也应该区别对待，在确定出核心利益相关者和非核心利益相关者的基础上设计不同的风险分担和收益分配机制。

3. 利益相关者理论对高等职业教育的影响

包括高等职业教育机构在内的学校也是由多元的利益相关者组成的特定组织，利益相关者理论的相关分析同样适合于高职院校。正如张维迎所说："大学作为一个非营利性组织，是一个典型的利益相关者组织，每个人都承担

---

① 孙晓.利益相关者理论综述[J].经济研究导刊,2009(2):10—11.

一些责任，但没有任何一部分人对自己的行为负全部责任。大学里面的利益相关者包括教授、校长、院长，包括行政人员，包括学生以及毕业了的校友，当然也包括我们这个社会本身（纳税人）。"①

美国的罗索夫斯基也认为大学是一个典型的利益相关者组织，因为大学组织的"拥有者"既包括职业教授、董事和行政人员，也包括范围更为广泛的有利益关系的其他个人或者群体，例如学生、校友、家长、捐赠者、政府、社区等。

按照罗索夫斯基的观点，大学的利益相关者共分四个层次。第一层次包括教师、行政主管和学生，也是大学中最重要的利益相关者。第二层次是董事、校友和捐赠者，他们是学校的重要利益相关者。第三层次是政府和议会，他们是作为"部分拥有者"而存在的利益相关者。第四层次是大学的边缘利益相关者，包括普通市民、社会、媒体等，也属于次要层次的利益相关者。②

反映到高等职业院校组织，也是一个典型的利益相关者组织。例如，北京贯通培养项目的利益相关方既包括校长、老师、行政管理人员，也包括学生和家长等。因此，在研究北京贯通培养项目的人才培养模式时，必须考虑到多元利益主体的收获和感受。北京贯通培养项目的人才培养模式改革必须综合权衡和兼顾不同利益主体的反应和收获。

（六）新职业主义教育理论

20 世纪七八十年代，以英国、美国、德国和澳大利亚等国为代表的西方发达国家兴起了"新职业主义教育运动"。到了 20 世纪 90 年代，美国学者本森（Benson）首次明确提出了"新职业主义（New vocationalism）"概念。新职业主义教育理论具有鲜明的现代特点，自产生之后就开始对全球的职业教育，特别是高等职业教育产生了深远而持续的影响。经过 30 多年的发展，新职业主义教育理念已日趋成熟，基本内涵也日益丰富，对英国、美国、欧洲各国

---

① 张维迎.大学的逻辑[M].北京:北京大学出版社,2004:19.
② 王连森,王秀成.利益相关者视角下大学发展的境域转换[J].江苏高教,2006(6):22—24.

以及其他国家的职业教育的改革和发展发挥了重要的作用。

1. 新职业主义教育理论的产生背景

新职业主义教育理论的产生和发展有着深刻的经济社会发展背景。概括而言，新职业主义教育理论的产生背景主要集中在经济、政治和教育三个方面。

（1）经济背景

在新职业主义教育理论产生的诸多因素中，经济原因是最为主要的因素。20世纪70年代中期开始的石油危机引起了资本主义国家的经济持续衰退，失业率一直居高不下，教育对经济增长和社会发展的促进作用开始受到人们的广泛质疑。作为曾经的世界经济军事强国，英国不仅面临着与其他国家一样的经济危机，而且还要承受着从鼎盛到衰弱的巨大反差。为了尽快摆脱经济危机的影响，英国对其职业教育进行了深刻的反思，进而促进了"新职业主义"教育的产生和发展。此外，在危机的冲击下，英国大量的企业出现了合并浪潮，对就业和教育模式产生了巨大的冲击。合并后公司规模虽然增大，却引进了旧式的家庭型企业劳动力管理模式，也就是减少全时制固定工作，增加临时性的部分时间制工作，从而大大增加了工作岗位的流动性。为了适应生产方式和工作结构的变化，劳动者必须具备更加宽厚的职业准备以及更强的人际关系能力等，才能适应不断变化的职业世界。在这种宏观背景下，狭隘的"旧职业主义"教育已经很难培养出适应社会职业需求的劳动者。在以前的发展状况下，一个人很可能一辈子只从事一两种职业，但是随着社会和科技的发展正在变得越来越不可能，更换职业已经成为非常正常的事情。劳动者迫切需要具备宽厚的职业知识、灵活的应变能力以及良好的社会适应能力，同时也要具备接受继续教育以及不断进行自我学习的能力。

（2）政治背景

在西方发达国家，虽然民主思想的普及已经有好几百年的历史，直到20世纪60年代，英国的社会分层现象还非常严重。为了消除社会不平等，更好地促进社会公平，他们将目光投向教育。根据很多教育专家和社会学家的观点，教育具有促进社会流动、改变社会不平等的功能，劳动者之所以地位低下是因为他们没有受到良好的教育。因此，消除社会不平等、促进社会流动和公平的最佳途径就是消除教育机会的不平等，创造条件让劳动者接受更好的教育。为了适应新时代科技革命和产业革命背景下的岗位需求，必须让劳动者不仅能够具备胜任某一特定岗位的知识和技能，还必须具备适应岗位升级和岗位迁移的相应能力，进而促进职业教育理论从"旧职业主义教育"转向"新职业主义教育"。

（3）教育背景

除了经济和政治因素外，教育系统本身也是促进"新职业主义教育"理论产生的重要因素。来自教育系统的影响主要集中在如下三个方面。

一是社会对教育经济功能的认识愈加深入。二战后，英国和美国等发达国家对教育，特别是职业教育的经济功能的认识日益深入。一方面，职业教育被社会公众认为是一种过程或活动，通过职业教育可以传授并获得工作岗位中所需的知识与技能。另一方面，职业教育也被视为一种功能，可以通过对经济需要的满足，例如劳动力市场中熟练工通过自己拥有的素质、知识与能力促进经济的发展和社会的进步。因此，英国政府和用人单位普遍认为，投资和改革教育将对经济增长和社会发展产生重大而深远的影响。要提高产业发展水平和经济竞争力，必须重视职业教育。这就为新职业主义教育的产生奠定了坚实的基础。

二是原有的职业教育体系满足不了现实的需要。20世纪70年代以前，英国的职业教育已经取得了一定程度的发展，但是这些职业教育要么由于培养目标过于具体或狭隘使得培养出来的劳动者很难满足经济、社会的发展需求，要么走向了与形而上的、空泛的学术教育相对立的另外一个极端。因此，为了培养满足英国经济社会发展所需要的高技能人才，单纯依靠在原有的职业教育体系基础上发展英国的现代职业教育体系，将很难实现既定的目标。为了实现该目标，必须立足于重新构建一个能够满足现代经济社会发展需求的全新的职业教育体系，这便进一步推动了新职业主义教育的形成。

三是进一步完善双轨制教育体系的内在需求。虽然英国早期的职业教育体系并不完善，但是仍然对推动英国的工业发展和产业进步作出了一定的贡献。如果仍然将职业教育作为教育体系的一轨的话，那么近代的英国教育也是典型的双轨制。双轨制的哲学基础就是对西方社会有着深远影响的二元论。在现实社会中的表现就是脑力与体力、闲暇与工作、理论与实践、高等职业与低等职业的分离。在教育体系中的表现就是学术教育与职业教育相分离的双轨教育制度。这种二元制的教育制度，一端是完全脱离生活实际的纯粹学术教育，另外一端是纯粹的狭隘的职业训练，这种教育体系不仅容易加剧社会分层，而且使二者都存在着难以克服的弊端，都难以满足现代社会对教育的要求，客观上要求促进二者之间的结合，于是便对新职业主义教育理论的形成产生了巨大的推动作用。

2. 美国职业主义教育理论的最新进展

除了英国，美国也是新职业主义教育理论的重要发源地。早在 20 世纪初，美国的中学后职业技术教育并未普及。在许多学者、家长和学生的眼中，职业技术教育是专为那些不擅长学术性学习的学生准备的。到了二战之后一直到 20 世纪 70 年代，美国的职业技术教育已经开始承担起为劳动力市场培养成千上万合格劳动者的重要职责。到了 20 世纪 80 年代，美国的中学后职业技术教育已经从原来的相对孤立状态演变成几乎与整个教育体系完全融合，职业教育的社会地位、普及程度以及实施效力等都得到了空前的强化。另外一个影响美国职业教育的里程碑事件是 1917 年开始实施的 "Smith—Hughes 法案"，该法案颁布以后，通过工业革命和产业进步的带动以及社区学院的创建和发展，美国职业教育的质量和内容都得到了持续快速地提升。社区学院逐渐发展为美国职业技术教育的主力军。

进入 20 世纪 80 年代后，美国的职业技术教育开始进入了现代化和升级换代的过程，该过程被后人称为 "新职业主义教育（New Vocationalism）"。其核心目标有二，一是确保不断增加的职业技术教育类的学生能够顺利完成各项学业；二是帮助学生在现实社会中实现有实际意义的就业。从字面上理解，"新职业主义教育"是相对于"老职业主义教育（Old Vocationalism）"而言的概念，两者既有相同点，也有不同点。相同点主要表现为："新职业主义教育"和"老职业主义教育"面临着共同的哲学命题：一是职业技术教育的初始目标都是为毕业生的社会生活做准备；二是职业技术教育的学生从学校毕业后的大部分人生将会是从事他们所喜欢的工作；三是职业技术教育的首要目标是为学生完成学业后走向实际工作岗位做好准备。

　　"新职业主义教育"和"老职业主义教育"之间的不同点主要表现在如下方面。首先，"老职业主义教育"的核心是通过单独设置的课程或在已有的课程体系中嵌入职业技术教育的评价指标等方式来开发人的职业技能，让学生具备基于企业招聘新员工所要求的职业技能，立足为学生毕业即就业做好准备，强调毕业生从学校毕业后就能够马上解决就业中所发现的问题，重点在于学校教育期间所获得的就业技能和知识的应用以及毕业后的就业等。而"新职业主义教育"的核心目标是增强学生的学习能力，强化学生的学习偏好。"新职业主义教育"也认可学生毕业后即就业的重要性，但是更加关注开发学生的学习能力和学习素养，更加强调从学校毕业后能够持续不断地获得新技能、新知识，能够具有支撑长期就业的各项能力。从职业发展的角度看，学生毕业后能够获取满足自身发展所需的特殊知识和技能将尤其重要。从课程设置的角度看，"新职业主义教育"更加注重"校本"学习与"企本"学习、职业学习与学术学习以及中等教育与中等后教育三个层面的有效整合，以便增强学生毕业后获取更多知识和技能的能力和素养。

　　从美国"新职业主义教育"的核心内涵可以发现，该理论并未将关注的重点放在如何调整教育和工作的关系结构上，而是放在了更高层次的三个方面。第一个方面是帮助更多的学生达到更高水准的学术性水平，让几乎所有的职业教育学生都能够完全掌握数学、科学以及语言等工具性知识。第二个方面是帮助更多的学生达到职业性精通水平，帮助他们轻松便捷地拥有较强的创造力、回报率以及更浓厚的职业兴趣。第三个方面是让学生具备较强的职业转换能力，具备终身学习能力。由此可见，美国的"新职业主义教育"建立了三个明显不同但又相互关联的"整合"形态。第一个是整合学术性和职业性学习形态，将抽象的理论学习与实践性的、应用性的技能掌握整合为一体；第二个是整合中等教育与中等后教育，为学生从高中到社区学院再到大学建立了相互衔接的课程体系；第三个整合就是在职业教育与职场工作之间建立起了更加紧密的纽带，使得职业教育和职场工作之间达到彼此促进的效果。此后，不同的国家根据这一核心理念，结合本国的实际情况，设计出了符合本国经济社会发展需求的职业教育体系。

3. 新职业主义教育理论对高等职业教育的影响

新职业主义教育理论形成于特定的时代背景，世界科技革命、激烈的经济竞争以及严重的经济危机推动了全球职业教育的改革和发展。概括起来，新职业主义教育理论对高等职业教育的影响主要体现在如下方面。

一是高等职业教育应该重视核心技能的培养。新职业主义教育非常重视人的持续学习和终身发展，强调职业教育的作用不仅仅是为学生将来从事某一特定的职业做好准备，更重要的是要使学生在其一生中都有不断学习和终身发展的能力，进而为接受继续教育打下坚实的基础，这样才能从容面对科技、产业和职业变革带来的挑战。为了实现这一人才培养目标，新职业主义教育特别强调核心技能的培养。正如本研究前文分析的那样，核心技能即关键技能或核心能力，是一种可迁移的、从事任何职业都必不可少的跨职业的关键性能力。具体包括听说读写算的能力、批判和反思的能力、进入工作岗位后的自我学习能力、人际交往能力、团队合作能力、运用信息技术的能力、独立决策能力和问题解决能力等。新职业主义教育理论认为，在职业教育的每一个人才培养环节，核心技能的训练都必不可少。无论是设计教学大纲和规划课程体系，还是完成学习任务，都必须强调核心技能的培养。正是在核心技能的影响下，新职业主义教育理论反对以分数高低作为学生优劣的评价标准，而应从多角度去评价学生核心技能的培养。这也正是我国高等职业教育改革的重要理论依据之一。

二是高等职业教育的发展应该能够满足经济、社会和人的全面发展需要。按照新职业主义教育理论，核心职业技能培养是必备的基础。只有具备了坚实的核心职业技能基础，才能有效提升学习者对不同职业岗位的适应能力，才能提高学习者的产业竞争力，才能为经济社会发展提供大量高素质的劳动力。反映在培养模式上，就是要加大产业与职业教育的紧密结合，推动职业教育与就业的顺畅接轨，让学习者在推动职业发展和产业进步的过程中实现自我的完善和提高。

三是高等职业教育应该强调校企合作。新职业主义教育理论特别强调教育和培训要加强与产业之间的联系，这样才能满足经济社会的发展要求，促进学生的可持续发展。教育的目的是培养能够适应现代社会的合格人才，这样他们才能独立处理将来可能面临的各种问题，培养青年发展自己所需要的广泛和综合的知识与能力。在英国的职业教育与企业界，两者保持密切合作的最有效的方法是"工作经验课程"（work experience programmes）。该课程于 20 世纪 70 年代诞生于英国，后传播到其他国家，受到了教育机构和学习者的普遍欢迎。从工作经验中获得的知识、技能和素养等已经获得了教育系统的广泛认可，企业与学校之间的合作文化正在高等职业教育系统中发挥日益重要的作用。

该思想已经反映在了我国的最新职业教育改革精神中。2017 年 10 月，习近平总书记在党的十九大报告中明确指出，要"完善职业教育和培训体系，深化产教融合、校企合作"。因此，我国的高等职业院校在开展职业教育的实践活动中，要及时关注职业教育面临的机遇和挑战，科学分析我国现阶段高等职业教育必须解决的现实和潜在的问题。从企业角度看，加强校企合作、实施校企合作共育人才也符合企业的长远需求和利益，可以利用企业的需求推动校企合作从感情机制转向利益机制和组织机制，建立长效合作机制，将主要依靠市场机制来发挥作用，使受益者承担相应的责任①。在高等职业教育体系中，校企合作的实质是全社会的合作、是教育与产业的全面合作、是企业用人标准与学校教学标准的对接与融合。当然，在我国行政部门条块分割比较严重的现阶段，要实现高质量的校企合作共育，必须积极打破行政部门间的壁垒，创新多个行政部门之间的协调联动，充分调动学校、企业、行业和研究机构等多元主体的积极性。

四是充分发挥情境教学的人才培养功能。新职业主义教育理论的主要来

---

① 和震.职业教育校企合作中的问题与促进政策分析[J].中国高教研究,2013(1):90—93.

源是杜威的职业教育思想，从某种意义上说，新职业主义教育理论就是杜威职业教育思想的回归。情境教学能将课堂上抽象的理论概念应用到具体的工作场景，学生可以通过"干中学"更加深刻地理解抽象的理论概念。因为最有效的学习途径是主动学习。高等职业教育院校的学生对学习过程的参与目的是去发现和掌握知识，而不是被动地接受知识。此外，通过情境教学，学生还能对抽象的书本知识有着更为深刻而独到的理解和领悟。情境教学与校企合作有一定的相通之处，但又不完全一样。从我国未来高科技产业的发展需求看，情境教学将在高技能人才的培养模式中发挥着越来越重要的作用。

二、研究设计

为了系统探究我国本科层次高等职业教育的人才培养模式创新，本研究分别从理论和实证两个维度构建了本文的研究框架和相应的研究方法。

（一）理论研究框架

本研究将在高等教育大众化理论的语境中，以人力资本理论、能力本位理论、情境学习理论和新职业主义教育理论为基础。从上述理论的发展及其内涵可以发现，适应未来社会经济发展需求的高等职业教育应该为学生奠定如下能力基础。

首先是培养学生的通用基础能力或基本技能。北京市的贯通培养项目致力于通过全过程贯通培育高端技术技能人才，这就要求毕业生必须具备扎实的通用基础能力，这些能力是学生将来走向社会、走上工作岗位的必备能力。

其次是培养学生的共性职业技能或跨职业技能。在科学技术发展和产业进步日新月异的今天，贯通培养项目出来的本科层次高技能人才已经不可能一辈子从事一个工作岗位，甚至不可能一辈子在同一个产业领域内工作，必然会面临职业岗位的变化。为了胜任同一产业领域内不同岗位或者不同产业领域内的不同岗位需要，客观上要求毕业生具备若干相同或相关工作岗位的共性职业技能，能够顺利地实现在不同工作岗位间的转换。

　　再次是让学生具备特定岗位的职业技能。这是学生毕业后走上工作岗位的必备能力，也是学生顺利就业、实现从学校到工作岗位顺利转换的必备技能。如果说特定岗位的职业技能将影响着学生的职业起点，那么通用基础能力和共性职业技能将影响着学生毕业后的职业发展高度。

　　为了实现上述能力培养目标，必然伴随着人才培养方式和学习模式的创新。根据情境学习理论和新职业主义教育理论，为高等职业教育学生创造丰富的多元化学习渠道，校企合作、学徒制等都将成为高等职业教育的主流培养模式。此外，从学习角度而言，随着科技型企业的岗位升级渐趋明显以及分工日益细化，对员工的学习能力以及员工之间的协作能力将会提出越来越高的要求。因此，让高等职业教育的学生具备支撑终身发展的学习能力以及与他人合作的能力也将日益重要。本文的理论研究框架如下图所示。

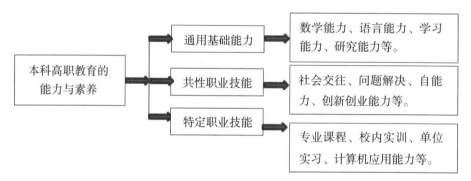

图 3-1　本研究的理论框架图

（二）实证研究框架

　　由于北京市正在实施的贯通培养项目刚刚进入第三个年头，尚未有毕业生进入劳动力市场。因此，本研究的实证研究框架将采取案例和问卷调查相结合的方式。案例主要是北京市某重点中学和北京市某电子工程类高职院校合作举办的本科层次高等职业教育的贯通培养项目。调查问卷的发放对象为贯通培养项目的学生及其家长（每个学生的父母只选择父亲或者母亲进行问卷填写）。学生样本采取的是全样本原则，家长问卷采取的是等距随机抽样原则。实证研究的核心目标是从供给和需求的双重角度探究本科层次高等职业教育的人才培养模式变革趋势。概括起来，本文的实证研究框架如图所示。

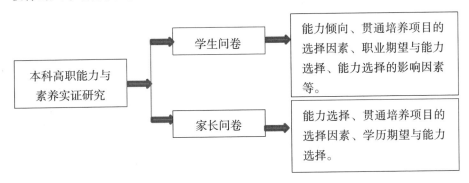

图 3-2　本研究的实证研究框架图

（三）本研究的逻辑框架

在综合理论研究和实证研究的基础上，本研究的逻辑结构框架如下图所示。

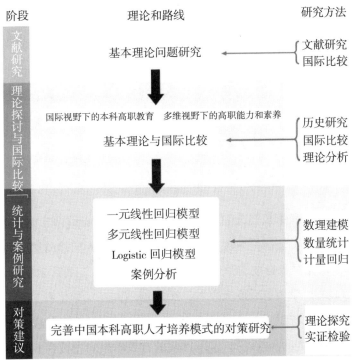

图 3-3　本研究的逻辑框架

（四）研究方法

本文研究本科层次高等职业教育的人才培养模式创新问题，采用的主要研究方法如下。

一是文献研究法。这是从事研究工作的基础研究方法，在查阅大量中外关于职业教育和本科型职业教育的研究文献的基础上，分析本研究主题的已有研究积累、存在的问题以及可能的研究方向。

二是理论研究法。根据高等职业教育发展的相关理论（包括高等教育大众化理论、人力资本理论、能力本位理论、情境学习理论和新职业主义教育理论），提炼出本研究的理论研究框架。

三是案例研究法。通过深入剖析北京市正在实施的高中—大学贯通培养项目，从理论出发，以实践为基础，探究本科层次高等职业教育的人才培养模式创新的积极因素和需要完善的地方。

四是比较研究法。主要包括历史研究方法和国际比较法两个方面。一方面从历史角度探究高等职业教育相关理论的形成和发展；另一方面从国际比较视野考察不同国家本科层次高等职业教育的人才培养模式。

五是问卷调查和统计分析法。主要是通过大样本问卷调查，对调查数据采用 SPSS 统计软件进行相关的统计和计量研究，发现并验证影响本科层次高等职业教育人才培养模式创新的主要因素。

（五）问卷调查概况

考虑到学生和家长是北京市贯通培养项目最核心的两个利益相关主体，因此，本研究的实证研究对象主要是北京市贯通培养项目的学生和家长。本文中的案例研究对象选取的是 2016 级和 2017 级学生，而且学生尚未分专业。2016 级（高二）学生有 900 人左右，2017 级（高一）学生有 700 人左右，学生样本总数为 1600 左右，按照 2n—1（n=1—800）的等距抽样原则，实际发放的学生问卷总数为 800 份，实际回收的有效学生问卷数为 637 份，问卷回收率为 79.63%。家长样本总数也是 1600（同一家庭只让一个家长填写调查问卷），按照 2n—1（n=1—800）的等距抽样原则，实际发放的家长问卷总数为 800 份，实际回收的有效家长问卷数为 603 份，问卷回收率为 75.38%。下面分别是学生和家长问卷主要指标的总体描述性统计。

1. 学生问卷的描述性统计结果

本部分将选择学生的性别结构、年级分布、学生户口状况、学生期望接受的最高教育程度、父亲职业分布、母亲职业分布、为什么选择贯通培养项目、对培养目标和毕业去向的了解程度进行描述性统计分析。

从性别结构看，男生数量为 392 人，占样本总数的 61.54%；女生数量为 245 人，占样本总数的 38.46%。

从年级分布看，2016 级的学生数量为 334 人，所占比例为 52.43%；2017 级的学生数量为 303 人，所占比例为 47.57%。

从学生户口状况看，北京非农户口所占比例最高，有 392 人，所占比例为 61.54%；其次是北京农业户口，有 244 人，所占比例为 38.3%。

从学生期望接受的最高教育程度看，比例最高的是本科毕业，有 342 人，占样本总数的 53.69%；其次是硕士毕业，有 155 人，占样本总数的 24.33%。由此可见，有接近十分之一的学生仍然希望毕业后能接受研究生教育。

从父亲职业的分布情况看，比例排名前五位的依次为：其他（100 人），所占比例为 15.7%；专业技术人员（98 人），所占比例为 15.38%；商业和服务人员（86 人），所占比例为 13.5%；国家机关等（68 人），所占比例为 10.68%；生产运输设备操作人员（66 人），所占比例为 10.36%。

从母亲职业的分布情况看，比例排名前五位的依次为：商业和服务人员（175 人），所占比例为 27.47%；专业技术人员（66 人），所占比例为 10.36%；国家机关等（58 人），所占比例为 9.11%；办事人员（52 人），所占比例为 8.16%；企业管理人员（33 人），所占比例为 5.18%。

从为什么选择贯通培养项目看，所占比例最高的是认为高技能人才的发展前景非常好，有 283 人，所占比例为 44.43%；其次是属于自己的职业兴趣，有 138 人，所占比例为 21.66%；再次是觉得不用参加高考，省得麻烦，有 127 人，所占比例为 19.94%。当然，父母选择也占到了一定的比例，有 62

人，所占比例达到了 9.73%。由此可见，认可高技能教育的发展前景以及出于自己的职业兴趣，占到了选择贯通培养项目的绝大部分比例。

从对培养目标和毕业去向的了解程度看，比较了解的学生人数最多，有246 人，所占比例为 38.62%；了解的学生有 165 人，所占比例为 25.9%。而非常了解的学生只有 48 人，所占比例只有 7.54%；不太了解的学生人数也非常之多，高达 162 人，所占比例达到 25.43%。从该比例可以发现，对于贯通培养项目的培养目标以及毕业去向，超过 50% 的学生都是了解或比较了解的。

表 3-1　学生问卷的总体情况

样本总数			N=637；问卷回收率 =39.81%		
性别结构			年级分布		
性别	样本数	所占比例	年级	样本数	所占比例
男	392	61.54%	2016	334	52.43%
女	245	38.46%	2017	303	47.57%
学生户口状况			期望接受的最高教育程度		
北京农业户口	244	38.3%	高中毕业	5	0.78%
北京非农户口	392	61.54%	大专毕业	18	2.83%
港澳台	0	0	本科毕业	342	53.69%
外国籍	1	0.16%	硕士毕业	155	24.33%
			博士毕业	117	18.37%
父亲职业分布			母亲职业分布		
国家机关等	68	10.68%	国家机关等	58	9.11%
企业管理人员	52	8.16%	企业管理人员	33	5.18%
专业技术人员	98	15.38%	专业技术人员	66	10.36%
办事人员等	46	7.22%	办事人员等	52	8.16%
商业和服务人员	86	13.50%	商业和服务人员	175	27.47%
农林牧渔水利等人员	21	3.30%	农林牧渔水利等人员	19	2.98%
生产运输设备操作人员	66	10.36%	生产运输设备操作人员	31	4.87%
军人	8	1.26%	军人	2	0.31%
农村进城务工	17	2.67%	农村进城务工	13	2.04%

续表

样本总数	N=637；问卷回收率 =39.81%				
离退休	20	3.14%	离退休	17	2.67%
无业失业等	55	8.63%	无业失业等	108	16.95%
其他	100	15.70%	其他	63	9.89%
为什么选择贯通培养项目			对培养目标和毕业去向的了解程度		
父母的选择	62	9.73%	非常了解	48	7.54%
自己的职业兴趣	138	21.66%	比较了解	246	38.62%
不用参加高考	127	19.94%	了解	165	25.90%
高技能人才的发展情景好	283	44.43%	不太了解	162	25.43%
其他	27	4.24%	很不了解	16	2.51%

2. 家长问卷的描述性统计结果

本部分将从样本对象（家长）的性别结构、是否独生子女家庭、样本对象的职业分布、样本对象配偶的职业分布、2016 年家庭总收入以及 2016 年家庭总支出等指标进行描述性统计分析。

从样本对象的性别结构看，父亲的数量共有 215 人，所占比例为35.66%；母亲的数量共有 388 人，所占比例为 64.34%。

从是否独生子女家庭看，独生子女家庭（也就是只有 1 个孩子）的数量为 511 个，所占比例为 84.74%；有一个孩子以上的家庭有 92 个，所占比例为 15.26%。由此可见，在这个年龄段的孩子中，独生子女家庭仍然占据着绝大部分比例。

从样本对象的户口情况看，北京非农户口所占比例最高，共 381 人，为63.18%；其次是北京农业户口，共有 194 人，所占比例为 32.17%。也就是说，选择贯通培养项目的家长中，北京非农户口所占的比例远远高于其他类型的户口比例。

表 3-2　家长问卷的总体情况

样本总数		N=603；问卷回收率 =75.38%		
家长性别结构			独生子女家庭	
性别	样本数	所占比例	独生子女家庭	样本数	所占比例
男	215	35.66%	是	511	84.74%
女	388	64.34%	否	92	15.26%
家长户口状况			样本对象的教育程度		
北京农业户口	194	32.17%	高中毕业	9	1.52%
北京非农户口	381	63.18%	大专毕业	95	16.05%
外地农业户口	12	1.99%	本科毕业	228	38.51%
外地非农户口	14	2.32%	硕士毕业	136	22.97%
港澳台	1	0.17%	博士毕业	124	20.95%
外国籍	1	0.17%			
样本对象的职业分布			样本对象配偶的职业分布		
国家机关等	66	10.95%	国家机关等	58	9.62%
企业管理人员	59	9.78%	企业管理人员	52	8.62%
专业技术人员	88	14.59%	专业技术人员	78	12.94%
办事人员等	49	8.13%	办事人员等	49	8.13%
商业和服务人员	124	20.56%	商业和服务人员	115	19.07%
农林牧渔水利等人员	19	3.15%	农林牧渔水利等人员	20	3.32%
生产运输设备操作人员	54	8.96%	生产运输设备操作人员	56	9.29%
军人	2	0.33%	军人	4	0.66%
农村进城务工	19	3.15%	农村进城务工	22	3.65%
离退休	6	1.00%	离退休	10	1.66%
无业失业等	70	11.61%	无业失业等	88	14.59%
其他	47	7.79%	其他	51	8.46%

续表

样本总数			N=603；问卷回收率=75.38%		
2016 年家庭总收入			2016 年家庭总支出		
10 万元以下	311	51.58%	5 万以下	202	33.50%
10 万 ~20 万元	199	33.00%	5 万 ~10 万元	291	48.26%
20 万 ~30 万元	51	8.46%	10 万 ~20 万元	84	13.93%
30 万 ~50 万元	27	4.48%	20 万 ~30 万元	17	2.82%
50 万 ~100 万元	10	1.66%	30 万 ~50 万元	5	0.83%
100 万元以上	5	0.83%	50 万元以上	4	0.66%

第四章　高等职业教育人才培养的
国际比较研究

根据联合国教科文组织在 1997 年修订的《国际教育标准分类》(ISCED)，整个教育体系可以划分为七个层次。其中，第 0 层为"第一级教育"，也就是学前教育阶段。普通教育属于 A 系列，从 1A（一级教育，即小学教育）到 2A（二级教育—初中教育），一直到 3A（高中教育），5A（博士以外的高等教育）和 6A（博士研究生教育）。职业教育属于 B 系列，从 1B、2B 到 3B、5B 和 6B，分别属于初等、中等和高等（含专科、本科、硕士、博士研究生）职业教育。四级教育（4A 和 4B）属于预科教育。如果接受了 3A教育，希望继续接受 5B 教育（专科和本科型职业教育），就要先进入 4B 教育，接受完高级中等职业教育再接受高等职业教育。如果接受了 3B 教育，希望继续接受 5A 教育，就要先补上 4A 教育，从而为受教育者根据自己的爱好、志趣和特长，构建出普通教育和职业教育的"立交桥"和"多维通道"。由此可见，在国际范围内，高等职业教育与普通高等教育一样，都存在着从专科、本科一直到硕士和博士的不同学历层次。正如本研究的第二章所分析的那样，从 20 世纪 60 年代开始，美国和英国等发达国家的高等职业教育就开始经历了从专科向本科和研究生阶段的转型。我国的高等职业教育一直以专科为主导，向高职本科转型大概是从 2000 年开始的。2000 年 4 月，清华大学成立了我国第一个以培养"第二学位"为主的高层次职业技术学院——清华大学应用技术学院，培养目标是本科层次第二学士学位的现代职业技能型人才。此后，华东理工大学在 2000 年 10 月举办了两个本科高职专业和两个本科高职专业方向：经济信息管理与计算机应用、物业管理、经贸外语。[①]
经过十多年的发展，我国高等职业教育中的专科仍然占据着绝对主导地位。
为了更好地推动我国本科层次高等职业教育的发展，有必要对发达国家的本
科层次高等职业教育的发展进行系统的梳理和比较。

一、美国高等职业教育的发展

（一）美国社区学院的人才培养特色

在美国的本科层次高等职业教育体系中，虽然存在着研究型大学举办的
本科高职专业以及社区学院（Community College）等不同的形式，但是，社区
学院扮演着至关重要的角色。受自由、民主和平等思想的影响，高职发展一
直拥有很大的自由度。发展路径和发展模式多元化、开放式的入学政策以及
平等的学习机会是美国社区学院的典型特征。美国的高等职业教育以普适性
课程为主，能够非常便捷地满足各种不同的学习需求。社区学院一般提供四
种类型的课程：一是学术性课程，为高中毕业生进入四年制大学做准备，毕
业后可获得副学士学位；二是本科高职课程，独立完成或与其他四年制本科
院校合作完成，毕业后获得学士学位；三是职业／技术课程，即接受一定的
职业训练，或为进入四年制大学接受技术教育做准备，可获得副学士学位或
专业证书；四是补习课程，即提供各种补习计划，包括针对青年的、少数种
族的以及残疾人的补习计划。[②]

美国社区学院的课程设置非常灵活多样，而且注重应用性，可以根据社
会需求设置课程并及时调整专业门类。学生则可以根据劳动力市场需求的变
化，选择自己的专业方向。美国社区学院的课程设置包括了三大类。一类是

[①] 马振华.发展本科和研究生层次高等职业教育的理论与实践研究[D].天津大学硕士学位论文,2004.1.
[②] 马冰.美国职业教育概况与启示[J].辽宁高职学报,2008,10(8):20—22.

学位课程（包括学士学位和副学士学位），副学士的学生毕业后可转入大学（学院）继续深造；另外一类是职业技能培训证书课，分为两年制、一年制和不到一年的短期培训课，重在就业的岗位知识和技术技能培训；还有一类是学徒培训课，学徒可在职业技术学校选择适合自己的专业接受培训。美国社区学院的课程设置与 300 多个职业密切相关，专业领域包括 8 个，分别为农业综合企业、工商业、市场与销售、建筑和工程制图、家庭经济、公共卫生、服务行业和技术培训。①美国社区学院的课程框架包括三个层次。首先是基础层次，包括前后关联的专业、职业经验和基本工作技巧等；其次是技术中心层次，该层次主要是基于某个特定的工作群和工作基础的学习机会，主要包括技术和技巧；最后是技术专长层次，包括高级技术技巧、高级专业和工作场所的经验。此外，成人生涯路径项目也是近年来持续获得公共财政持续支持的教育培训项目，由雇主参与培训的具体细节，尤其是培训方案的制定。雇主从成人生涯路径项目中得到了大量的好处，例如，找到了好的、足够的劳动力，在全球经济中生产出了更好的产品等。这些课程一方面有效整合了学校本位课程与工作本位课程；另一方面将学术型课程与职业性课程结合在一起，另外也将中等职业教育、专科型高等职业教育和本科层次高等职业教育的相关课程结合在一起。

（二）美国高职教育的模式创新

受 2008 年全球金融危机的影响，美国将重振制造业作为摆脱金融危机的重要对策。奥巴马政府因此提出了"制造业回归美国"的对策。从 2009 年到 2013 年，美国政府相继发布并实施了《重振美国制造业框架》（A Framework for Revitalizing American Manufacturing）、《制造业促进法案》（United States Manufacturing Enhancement Act）、《先进制造业伙伴计划》（Advanced Manufacturing Partnership）、《先进制造业国家战略计划》（A National Strategic Plan

---

① 陈秋苹,沈敏.美国职业教育体系化及其启示[J].高校教育管理,2016,10(1):99—104.

For Advanced Manufacturing）和《制造业创新中心网络发展规划》（National Network for Manufacturing Innovation）等系列政策措施。为了重振美国的制造业，美国大力依托数字制造技术等高新技术，发展先进制造业和新兴产业。但是，即使是世界头号发达国家，美国仍然面临着大量的高技能人才不足的问题。正如奥巴马总统在 2012 年国情咨文中提到的那样："企业精英们经常抱怨在国内招聘不到具备合格技能的技术工人，在蓬勃发展的高新科技领域，技能人才的供给尚不能满足半数需求。"在这种社会和产业发展背景下，美国商用机器公司（IBM）充分利用自身在产业界的优势、产业界技能需求的精准把握以及强大的人力资源和技术优势，与教育机构联手为培养美国应用型人才提出了新的模式。即"以学生完成学业后获得高中毕业证书和应用科学副学士学位证书，并能胜任 IBM 初级工作岗位 3 项目标为引领，培养通专技能兼备的复合型技能人才"。IBM 与纽约市教育管理部门、纽约城市技术学院和纽约城市大学合作创办了"4+2"的技术学院预科高中，以 STEM（科学、科技、工程、数学）课程为核心，学制从传统的 4 年改为 6 年。2011 年 9 月正式在纽约的布鲁克林成立了技术学院预科高中。当年招收了 104 名学生，都是美国 12 年中小学教育体系中的 9 年级学生。完成 6 年学习并考核合格后，他们将获得纽约市教育管理部门颁发的高中毕业证书、纽约城市技术学院的副学士学位证书以及 IBM 的初级技术岗位优先录用权。

经过短短几年的发展，美国的技术学院预科高中办学模式已经扩大到美国 6 个州的 60 多所学校，参与合作办学的企业有 250 多家，累计培养了数以万计的高技能学生。伊利诺伊和纽约等州已经正式启动了技术学院预科高中项目，马里兰、罗德岛、科罗拉多等州的教育管理部门也正在规划技术学院预科高中的办学模式。美国技术学院预科高中之所以能取得如此大的成功，成为美国职业教育改革的典型样板，独特的人才密切联系美国人力资源市场需求是其成功发展的基础。概括而言，技术学院预科高中的人才培养模式特征主要体现在如下五个方面。

一是培养目标融合了中等和高等教育，致力于创建一种连接教育与职业而且能够被美国传统高中复制的新型办学模式。这种模式为高技能人才的供给侧和需求侧之间架起了联结的桥梁，帮助学生顺利地实现从学校到职业岗位的过渡，也是我国发展高等职业教育时非常值得借鉴的一个方面。国际一流企业的参与使得该项目更加贴近产业需求，同时又让学生具备继续学习的能力和胜任职业岗位的技能，具备 STEM 产业领域工作岗位所需要的职业技能。[①]从主流的做法看，技术学院预科高中采用了技能计划图（Skills Mapping），对 9—14 年级学生的技能发展过程进行了系统设计。在整个学习过程中需要培养的技能包括核心学术技能（Core Academic Skills）、专业技能（Professional Skills）和技术技能（Technical Skills）。由于技术的快速发展使得工作中的技能要求不断升级，学校与合作企业每年还要对技能计划图进行审核，确保学生的技能供给与产业的技能需求相匹配。

二是专业设置满足产业的人才需求，强化 STEM 专业人才培养。美国制造业协会 2015 年发布了《技能鸿沟》研究报告，该报告发现，美国高中学生普遍在数学和科学领域的基础较差。企业也觉得学生严重缺乏专业技术和计算机技能，解决问题的能力和基本的技术技能也有待提高。因此，"学习为应用准备，教育与职业沟通"逐渐成为美国高中教育改革的一个基本原则，强化 STEM 领域的教育改革。有的技术学院预科高中就直接用 STEM 命名。例如，芝加哥南区的技术学院预科高中莎拉·古德[②]高中的英文名称就是"Sarah E.Goode STEM Academy"。为了便于加强学校与企业之间的联系，学校的校址也往往选择在 STEM 产业的聚集地附近。因此，加强高等职业教育的人才培养与产业需求的有机结合应该成为创新人才培养模式的重要改革取向。

三是以四个核心课程群为核心，打造一贯制、一体化的课程体系。在高中教师和大学教师的共同努力下，美国技术学院预科高中形成了四个核心课程群，分别是英语、数学、信息技术和工作场所实践课程，同时也开设有外语、科学、艺术和历史等课程。在整个 6 年的学习过程中，英语课程以高中

① http://www.ptech.org/docs/tools/Skills—Mapping—Process—Guide.pdf.
② 莎拉·古德（Sarah E.Goode）是美国历史上首批获得专利权的非洲裔女性之一，她发明了可以变身书桌的折叠床。

阶段的基础英语、高级英文写作以及副学士学位英语必修课程为主；数学课程以高中阶段的代数和几何、大学阶段的微积分以及副学士学位数学必修课程为主；信息技术以计算机基础知识、技术学院的信息技术专业课程（包括计算机操作系统、计算机图形、计算机编程及应用、数字控制等）以及与副学士学位相关的信息技术课程为主；工作场所实践课程以 IBM 员工与学生的定期交流辅导、参与学生学习活动以及应用型综合技能培养课程模块为主。为了达到上述课程的教学效果，采取的教学方法比较多元，包括探究式教学（老师组织学生学习重大问题、开展调查，在调查和探究过程中获取并理解知识与技能）、项目教学（老师引导学生开展长期或短期、紧密联系产业界情境的项目）、真实情境教学（老师为学生创设与专业人士交流职业、进入企业、走进大学校园和社区等真实的学习情境）以及团队学习（加州大学伯克利分校的 Todd Fitch 认为，学生之间的"同辈指导"很重要，课堂上的首要教学目标并不是教会学生知识技能，而是让学生学会学习，而小组学生团队围绕着老师给定的项目或主题进行学习、辩论并给出解决方案是最好的学习方式）。这些多元化的学习方式不仅可以帮助学生构建专业知识、发展专业技能，还可以培养学生的团队合作、沟通与创造等能力。由此可见，创新高等职业教育的人才培养模式应从课程体系和教学方法等多方面推进。

四是培养过程中充分尊重学生的个体差异。由于学生在入学时并没有经过考试和筛选，基础不同，学习进度也存在差异。这就使得技术学院预科高中针对不同的学生设计了多种学习和成长路径，确保每个学生在不同时间点、学习不同内容时可以选择适合自己的方案。例如，学生在第一学年将统一学习英语、数学、技术、工作场所实践课程以及艺术和美国历史等课程，第二学年则在老师的指导下，设计个性化的方案以完成所有学业。每个学生都配备了一个紧密合作的导师（可能来自学校，也可能来自企业）。为了保证培养质量，学生学习课程的内容和顺序基本一致，但是学习的进度以及学习的时间各有不同。

五是构建了多元利益主体共同参与的治理模式。美国技术学院预科高中的一个创新之处就是围绕着共同愿景，由多方利益相关主体建立起有效的合作伙伴关系，形成共同参与、共享决策的治理机制。例如，纽约的布鲁克林技术学院预科高中就由 IBM 与纽约市教育管理部门、纽约城市大学等组建了建校委员会，负责资金筹集、人才培养目标制定、教师队伍组建以及副学士学位项目选取等事项的决策与落实。学校正式运营后，又发展出指导委员会和执行委员会。指导委员会由参与合作主体的领导层构成，就学校发展愿景、招生、就业、课程开发、基础设施建设和资金筹集等问题共同决策。执行委员会负责执行指导委员会的各项决策，主要由学校的教职员工以及 IBM、技术学院的驻校人员构成。此外，学校还通过各种途径促进家长和社区参与学校治理以及人才培养过程。这种多元主体共同参与的做法非常值得我国发展高层次职业教育时参考和借鉴。

二、德国高等职业教育的发展

德国的职业教育以"双元制"闻名于世，在德国教育体系中占有非常重要的地位。学生在学校和企业接受完整的职业教育。其中，企业承担了主体性的职业教育，职业学校作为补充，为学生提供理论学习等适合以课堂形式进行的教育。德国采取"双元制"的理论依据是：企业和学校是两个不同性质的学习场所，拥有不能互相替代的教育意义。职业学校更擅长理论知识的传授，企业更擅长实践技能的获得。正如菲利克斯·劳耐尔（Felix Rauner）认为的那样，德国工业的强大竞争力和创新力在很大程度上由其所拥有的能力支撑着。[①]这些能力一方面是从双元制职业教育体系中产生的；另一方面是由长期形成的工程师传统而来的，即德国的工程师们常常在接受学术性教育之前先完成技术工人的培训。这种教育和学习传统一方面为技能型人才与学术型人才之间的理解与顺畅沟通奠定了基础；另一方面使得工程师和其他学术型人才所拥有的专业知识具备扎实的实践基础。

---

① 菲利克斯·劳耐尔(Felix Rauner).双元制职业教育——德国经济竞争力的提升动力[J].职业技术教育,2011(4):68—69.

（一）德国"双元制"职业教育的特点

在研究德国的高等职业教育之前，有必要深入了解德国的"双元制"职业教育体系。概括而言，德国的"双元制"职业教育体系具备如下特征。

1. 政府积极推动并保障院校和企业合作办学

德国"双元制"中的"双元"包括两方面的含义。一方面，办学主体包括学校和企业；另一方面，学习者的身份包括学校的学生和企业的学徒。"双元制"的迅速发展与政府的角色定位密不可分。联邦政府和州政府按照各自的职能，根据职业教育发展的需要，制定出规范所有参与职业教育各方权利义务的法律法规，为各方能够顺畅合作建立并完善协调机制，一方面能够保证各方权益；另一方面能够明确各方责任和义务，从而为院校和企业的合作办学提供了权威的政府保障。

2. 职业教育思想从小开始渗透到学生心灵

在德国的教育体系中，普通教育和职业教育在小学后就开始分流。由此可见，德国的普通教育和职业教育还在义务教育阶段就开始分开，职业教育被纳入义务教育的范畴，这是从根源上对职业教育价值的极大肯定，从而在全社会形成一种普通教育和职业教育没有等级差异的观念。无论是接受职业教育，还是接受普通教育，都是根据学生个人的性格、爱好和天赋来决定，而不是依据考试成绩的高低。此外，德国的普通教育和职业教育之间的通透程度高，两者可以通过多种途径实现互相转换，从而为德国职业教育的发展提供了良好的社会和文化基础。

3. 职业教育面向就业，以培养学生的实践能力为核心

无论是德国古老的学徒制，还是现代意义上的"双元制"职业教育体系，其人才培养目标都是实践型的职业人才。在院校学习的理论知识是为了给未来的职业技能提供坚实的基础，在企业的培训既是理论知识的应用，也是职业技能的习得过程。职业教育学生的学习活动多数是在浓厚的职业氛围中完成的。通过耳濡目染的情境熏陶，自然而然地提升学生的职业素养和职业能力，为学生的学习和未来的就业提供基础。

4. 构建完善的职业教育法律保障体系

与德国法治国家的特点相对应,德国的职业教育领域的法治化程度也非常高。其"双元制"职业教育体系最为重要的特点就是拥有完善的法律保障体系,从 1897 年颁布的《手工业者保护法》到 1969 年实施的《职业教育法》,再到 1997 年制订的《联邦职业教育法》和新《职业教育法》,德国已经形成了一整套完善的职业教育法律体系。通过法律规范和约束参与职业教育各利益主体的行为,确保各方能够履行自身的职责并享有正当的权益。

5. 严格规范的人才培养过程

"双元制"职业教育的人才培养过程有着严格的程序和法律法规要求。无论是专业设置,还是课程设置和授课内容,都有规范统一的要求,企业和院校不能随意改变。在德国的职业教育领域,专业设置要建立在科学的职业分析基础上,对社会上各种职业岗位所要求的知识储备、操作技能和职业素养等要素进行研究,通过职业分析将社会的人才需求与院校的人才供给对接起来。另外,课程的类别和内容也都有政府颁布的法律法规加以规定,院校只能在既定的框架范围内进行调整和完善,从而保证了教学实施的统一和规范性。

6. 建设高素质的职业教育教师队伍

从事"双元制"职业教育的教师有两大类,一类是来自企业的培训教师,另外一类是来自学校的专职教师。所有教师都要通过严格的选拔程序和考核制度,以确保教师的职业技能和知识素养能够达到一流水平,进而确保高水平的职业教育。

(二) 德国 FH 的高技能人才培养特点

FH 是三年制的高等专科学校(Fachhochschule)的简称,从 20 世纪 70 年代中期开始,三年制的 FH 升级为四年制的应用科技大学(德文简称仍然是 FH),是德国最具代表性的高等职业教育机构,在课程体系、专业设置和校企合作方面都有着自己独特的做法。

1. 模块化的课程体系

FH 的课程是以专业能力为导向构建的模块化课程体系。模块化课程构建的第一步是调查与分析相关职业的岗位群，然后根据该调查分析结果确定学生应该具备的专业能力。然后将专业能力中的基本性知识和技能确定为核心技能，并设计成相应的核心课程模块，核心课程又可以细分为基础课程（一般为第一到第三学期）和专业基础课程（一般为第四到第六学期）。第二步是将该职业范围内适用于各具体岗位的技能确定为选择性专业技能，并设计成相应的就业方向性课程（一般为第七到第八学期）。其中，核心课程相对稳定且为必修课程，体现职业特征；就业方向性课程为选修课程，相对灵活多变，体现岗位方向特征。在构建创新型、国际化的高层次职业教育的课程体系时，也非常有必要借鉴德国这种模块化的课程体系。

2. 专业且实用的专业设置

FH 的专业设置以应用为目的，强调面向行业和产业，实现理论与实践的有机结合。与学术型大学相比，德国 FH 的专业设置具有如下特点。一是专业设置具有针对性。FH 的专业都是根据社会、经济、科技和产业需求及未来发展趋势而设置，满足用人单位的实际需求。部分 FH 甚至直接设置了所谓的"双元制"专业，直接与相关企业合作培养高级技能型人才。二是专业设置带有鲜明的地方特色。国家的经济建设离不开各个区域的经济发展，因此，FH 的专业往往根据学校所在区域的产业结构、经济和社会发展需求而设置。三是专业设置强调发展性和灵活性。现代科技迅猛发展，FH 非常注重拓宽专业方向，努力拓展国际化专业，积极与国外高校合作开设国际课程，不少新设专业都与新兴产业和交叉学科密切相关。在我国各区域的产业发展格局越来越具有独特性的现阶段，结合所在区域的未来产业发展需要构建相关的人才培养模式就显得非常必要。

3. 以企业为主导的多元化教学模式

德国 FH 的产生和发展与产业和企业的发展密不可分，企业是学校生存和发展的依靠，学校则是企业发展的人才和思想库。为了顺利实现 FH 的人才培养目标，理论知识部分由 FH 主导，实践教学环节则由企业主导。刚入学的时候，FH 的新生就必须完成 3 个月甚至更长时间（有的专业要求有 26 周）的企业预实习，以便强化实践经验和对理论的感性认识。入学后，学生的学习内容和时间安排也都有企业的参与，注重知识的实践性和应用性。除了校内实训课，学生在学习过程中还要不定期到企业参观，还有为期 3 个月的企业实习。在 FH 的培养过程中，企业发挥着至关重要的作用，不仅承担着接受和指导 FH 学生的实习培训任务，还肩负着评价和考核实践教学成效的重任。在教学过程中，FH 的理论课程以讲授和讨论为主，实践课程则融合了讲授（包括讨论）、练习和实验等多种教学形式。近年来，德国教育研究部还花费约 2.16 亿欧元推动了"网络 FH"项目的建设和发展。众多的 FH 纷纷加入此项目，通过开设在线学习课程让学生能够更加灵活自由地安排学习时间。这种理论和实践紧密结合、线上和线下课程同步学习的模式非常值得各国发展高等职业教育时参考和借鉴。

三、英国本科层次高职教育的发展

英国的高等职业教育体系由学校职业教育系统和校外职业教育系统（以现代学徒制为代表）组成。由于英国的高等职业教育建立在强大的职业资格制度基础上，因而更加强调课程而不是教育机构。因此，英国的学校职业教育往往融合在普通教育之中。在英国的中学、FE 学院甚至大学里都包括职业教育项目和课程，但是仍然有高等职业教育的主导机构。

（一）英国高等职业教育的发展历程

英国的高等职业教育起源于 19 世纪的技术学院，当时的技术学院主要为高级技术人员提供培训课程并颁发证书和文凭，这种状况一直延续到 20 世纪上半叶。1945 年，英国政府颁布了《帕希报告》，报告中提出了战后高职教育的设想，1956 年，英国政府又发布了《技术教育白皮书》，将部分技术学院发展为"高级工程技术学院"。1963 年，英国的《罗宾斯报告》进一步建议将部分高级技术学院升格为技术大学。

英国实施高等职业教育的另一大主体机构是继续教育学院。1944 年后，英国的继续教育学院承担了大量的高等教育、职业资格教育和与工商业相关的应用研究职能。此后，继续教育学院越来越倾向于职业培训，自身也朝着高水平的多科技术学院转变。进入 20 世纪 80 年代后，英国的继续教育学院又恢复了部分学术教育的职能，但是持续的时间不长。经过 1992 年改革后，继续教育学院仍然以职业教育为主导，以社会和市场需求为导向，以执行国家职业教育文凭标准为己任，成为英国高等职业教育的重要主体。

进入 21 世纪后，随着产业界对高技能人才的需求日益增多，由企业和高等院校联合开发并实施的高等学徒制人才培养项目开始出现。经过短短五六年的发展，英国的各种高等学徒制项目已经有上千个，招收人数已经过万。该项目更加重视培养学徒的应用型综合技能，特别强调专业知识和行业技术技能的紧密结合，为英国的行业企业培养了大量的高技能人才。

（二）英国高等职业教育的主要特征

虽然受传统的重科学轻技术等传统文化的影响，英国高层次的职业教育起步较晚，但是仍然在世界高等职业教育体系中占有非常重要的地位。从总体上看，英国的高等职业教育存在着如下六大典型特征。

一是以国家职业资格框架为核心整合各类高等职业教育。正是因为有了严谨规范的国家职业资格框架，才使得英国"整合普通教育与职业教育"的目标成为可能，才出现了英国的职业教育和培训体系以资格课程为主线而不是以机构为主线的特有现象，因而也就没有了通常意义上的"专业"一词，代之以职业资格课程类别。特别是进入 2011 年，英国全面启动了资格与学分框架（QCF），从而将普通高等教育、现代高等学徒制和国家职业资格证书（NVQ）放在了同一框架内并实现了相互之间的衔接与沟通。在构建创新型、国际化的高等职业教育人才培养体系时，能否促进普通教育与职业教育之间的有效衔接与转换也是一个非常值得关注的重点问题。

二是拥有顺畅的横向和纵向衔接机制。在英国的高等职业教育体系中，拥有顺畅的衔接机制，向下可以与"中等职业教育"相衔接，向上可以与

"研究生教育"相衔接。此外，英国的职业教育和普通教育也通过中学以上、本科以下的继续教育学院（Further Education）的机制很好地结合在一起。中学毕业后的学生即可进入 FE，毕业后获得的是基础学位（Foundation Degrees，Fd）。那里既有为上大学准备的学术课程，也有为进入工作岗位而准备的技术课程。英国高等职业教育的这一特征再次证明了衔接机制的重要性。

三是构建了技能和学术人才之间的等值机制。为了消除职业教育和普通教育之间的歧视，英国为高技能人才和学术型人才之间构建了等值机制。例如，高等学徒制中的七级相当于完成了研究生教育，获得硕士学位；六级相当于完成了全部大学课程并获得学士学位；四级和五级相当于高等教育证书、文凭或基础学位。这也为普通教育和职业教育之间获得同等社会地位提供了基础和保障。

四是完善的职业资格课程体系。无论是学徒制框架（Apprenticeship Frameworks，AF），还是 FE 的职业教育课程，英国的职业教育课程都涉及如下四类课程类型。首先是专业核心课，本质上是职业资格能力资格证书课程，反映的是学习内容与职业标准和资格的融合。其次是专业认知课，是对个人被雇用权利和义务相关知识的了解和掌握。再次是通用技能课，又称可迁移的技能课，包括个体学习与思考能力等通用技能。最后是基础与关键技能课，即功能性的技能类课程，是学习者必须具备的在学习、工作和日常生活中独立开展有效活动所需要的、能够适应不同情境的知识技能，包括英语、数学、信息与通信技术等。这种模块化的课程体系为完善我国高等职业教育的课程体系提供了重要的参考和借鉴。

五是强化企业在职业教育中的作用。为了推动企业参与职业教育，英国政府陆续出台了多项法律。1944 年，英国政府颁布了《教育法》，从法律层面明确了企业参与职业教育的主体地位。1964 年，英国出台了《产业训练法》，规定了行业企业训练职业教育学生的质量和数量；1973 年，英国颁布了《就业与培训法》，要求企业必须从工资总额中征收一定的税款用于职业教育；1988 年，英国在《教育改革法》中将技术课程列为 10 门基础课程范畴，要求企业与政府共同创办以技术教育为核心的城市技术学院。此外，1988 年出台的《90年代就业状况白皮书》中明确要求，职业能力标准必须经过企业确定，就业人员必须获得相应的国家职业资格证书才能上岗。此外，在英国协调全国职业技术教育的"全国工商业教育咨询委员会"以及10个地区的继续教育咨询委员会中均有来自企业的雇主和雇员代表。在负责促进就业和训练事业发展的"人力服务委员会"以及负责全国职业资格证书制度建设的"国家职业资格委员会"的成员中，都有一定比例的企业雇主代表，从而确保了企业能够对英国的职业教育施加较大的影响。在发展我国高层次的职业教育过程中，完善国家的相关立法也至关重要。

六是英国的高等职业教育非常注重关键能力的培养。为了满足现阶段和未来对复合型高技能人才的需求，英国的高等职业教育课程特别注重培养学生的普适性职业能力，即关键能力。这些关键能力是所有学生都必须学的核心内容，因为这些能力具有普遍性、可迁移性和工具性的特点。英国的"关键能力"包括三大硬的关键能力（交流、数字运用和信息技术能力）以及三大软的关键能力（包括合作、提高自我学习和增进绩效的能力以及解决问题的能力）。硬的关键能力属于必修课，软的关键能力属于辅修课程。这些关键能力不仅是学生适应现在岗位需求的重要保障，同时也是学生在现代信息社会获得可持续发展的必备能力。

从上面的分析中可以发现，英国的高等职业教育实现了"五个对接"，即学历证书与职业资格证书对接，专业课程内容与职业标准对接，专业、产业与职业岗位对接，教学过程与生产过程对接，职业教育与终身学习对接。同时也很好地实现了普通教育与职业教育的融合，个人现阶段就业与长期可持续发展之间的结合，非常值得我国在完善高等职业教育的人才培养模式时参考和借鉴。

四、法国本科高等职业教育的发展

法国的现代教育制度起源于19世纪末，从诞生之初就建立了公立教育免费的制度安排。截至目前，法国的高等职业教育机构已经成为法国高等教育体系中的重要组成部分。目前法国共有 3500 多所公立和私立的高等院校，其中包括 83 所公立大学，230 所高等商业学校，250 所工程师学校，140 所艺术、建筑和政治类学校。高等商业学校、工程师学校、行政管理学校、大学的科技学院以及艺术和建筑类学校都属于高等专业学校，是法国实施高等职业教育的核心主体。特别是工程师学校、高等商业学校和行政管理学校等被称为法国的大学校，是法国政府认可的"通过竞争考试录取学生并实施高水平培训的高等教育机构"，已经成为法国高等教育体系中的重要组成部分。截至目前，法国已经形成了从高到低、层次分明、种类多样、适应性强的高等职业教育体系。

（一）法国高等职业教育的发展历程

从某种意义上说，法国高等职业教育的发展史就是法国高等职业教育机构的变迁史。

法国的职业教育最早可以追溯到拿破仑时期的工程师学校。例如，法国国立高等工程技术学院就是成立于 1780 年的最古老的工程师院校之一。法国的工程师学校（Ecoles d'Ingenieur）被认为是工程师的摇篮。目前，法国共有 250 所不同类型的工程师学校，其中大部分属于私立性质，也有一部分隶属于教育部、工业部、农业部或经济部等国家部门，另外四分之一左右的工程师学院则隶属于法国的公立大学。

进入 19 世纪后，为了适应日益复杂的工商管理活动的需要，法国开始设立高等商业学校（Ecoles de management）。发展到现在，法国总共有 230 所左右的高等商业学校。法国的高等商业学校大多属于工商协会，主要颁发的是校级文凭。只有 90 所高等商业学校能够颁发法国教育部认可的国家文凭。此外，法国很多公立大学也设有企业管理学院，同样提供着工商管理类的高等职业教育，但是其颁发的学位都属于国家文凭。

进入 20 世纪后，随着科学技术的迅猛发展和产业结构的不断升级，法国对技能人才的需求层次也日渐提高，大学的科技学院（Institut Universitaire deTechnologie）在 20 世纪 60 年代开始应运而生。顾名思义，这些科技学院都设在大学内，目前共有116所设在公立大学之内的大学科技学院，其主要职能是为工业和经济领域培养高水平的技能型和管理型人才。与工程师学校不同的是，大学的科技学院的招生条件更宽松，学制从两年到三年，学生可分别获得大学技术文凭（Diplome Universitaire de Tech—nologie）和职业学士文凭（Licence Profession—nelle）。进入20世纪90年代后，法国开始建立三年制的大学职业学院，专业主要集中在工程技术、信息与传播、行政管理、商业以及经济管理，为学生提供高层次的职业技术教育，既满足了社会经济发展对高层次技能型人才的需求，又提高了大学服务社会的能力。

（二）法国高等职业教育的主要特征

法国的高等职业教育体系以其独特的大学校精英教育体制闻名于世，同时在普通教育和职业教育的融合、人才培养模式创新等方面具备自己的鲜明特色。概括起来，法国的高等职业教育存在着如下五大特色。

一是精英化的高层次高职教育独树一帜。包括工程师学校、高等商业学校等在内的大学承担着精英化的高等职业教育任务。从在校人数看，2010年《教育部行业特色型大学发展考察报告》中的数据显示，整个法国共有大学952所，但是在校生只有12万～13万人，占法国高校在校大学生总数的比例只有5%左右。而综合大学只有87所，但是在校生却达到了150万人，占法国高校在校生的70%以上。其余25%左右的在校大学生则分布在法国第三类高等教育机构，诸如烹饪、艺术、时装、旅游等短期技术学院。从入选要求看，综合大学没有全国统一考试，高中毕业或同等学力者都可以报名注册，因而学生水平参差不齐。但是大学则非常严格，在正式入学之前必须经过两年预科班的学习，经过艰苦学习与严格考试后，最终只有50%左右的学生能够进入大学就读。这种精英化和大众化高等职业教育并存的格局有利于法国高水平的技能型人才的培养，从而能够更好地满足产业发展之需。

二是构建了完整的高等职业教育层次结构。法国的高等教育采用的是欧洲统一的博洛尼亚体系，从学士（Licence）、硕士（Master）一直到博士（Doctorat）的LMD体系。学生高中毕业获得Baccalaureat证书，大学三年级毕业颁发学士学位，五年级毕业颁发硕士学位，八年级毕业颁发博士学位。高等职业教育建立了与普通学位等值的学位层次。高等职业教育中的预科一、二年级对应大学的一、二年级，工程师一年级对应大学三年级，可获得学士学位，工程师二年级对应大学四年级，工程师三年级对应大学五年级，可获得硕士学位和工程师证书。此外，法国的一些高等商业学校还开办了 Ph.D 研究型博士和 DBA 工商管理博士学位课程，自己单独举办的只颁发校级文凭，与其他公立大学合作举办的则颁发国家文凭，从而形成了一套完整的高等职业教育的学位体系。这样便从制度层面保障了高等职业教育与普通高等教育之间是种类的不同，而不是层次的高低。

三是高等职业教育培养过程中的多元化教学方式。法国的大学校与企业之间建立了长期合作的关系，很多授课教师来自合作企业。这些教师往往采用案例教学法，授课教材不是固定的指定教材，而是随时可以更新的讲义。教学过程中，更多地采用小组讨论、演讲、案例分析和模拟训练等形式，既考查学生掌握的知识，也考查学生的团队合作和组织协调能力。另外，学生到合作院校进行联合培养、去企业实习、通过联合培养项目到其他国家交流学习等也是非常重要的学习方式。毕业时，既可以提交学术论文，也可以完成实习报告或毕业设计，而非传统的书面考试形式。这种多元化的教学方式为法国高职教育提供了质量保障，也是我国在构建高技能人才培养模式时需要借鉴和参考的成功做法。

四是充分融合了素质与专业的课程体系。法国的大学校培养的是高层次的技能型人才。为此，法国特别重视培养学生的专业能力和综合素质。课程体系中不仅包括基础理论课程（自然科学课程）、应用知识课程（工程专业技术课程）、非技术素养的培养（人文社科课程）、企业实践课程（工程技术实践课程）以及国际化课程等。要从工程师学校顺利毕业，不仅要掌握扎实的科技知识，还要拥有敏捷的推理能力，了解经济、管理、法律、人文、社会、环境和生态等方面的知识。由于法国高层次高等职业教育的精英化特点，很多大学毕业的学生的综合素质比一般综合大学毕业的学生素质还要高。如果我国的本科型高等职业教育的课程体系能够具备这一特点，将大大提高我国高技能人才的综合素养。

五是完善的产学互动合作机制。法国大学校的毕业生进入产业界后广受欢迎，很大一部分都发展成了职场精英。这完全得益于大学与产业界良好的互动合作机制。例如，法国很多的高等商业学校直接属于工商协会，为工商协会的成员企业提供管理培训和教育服务。学校每周都会给学生发送企业的招聘信息，相关企业会定期在合作学校举办研讨会或招聘会。此外，企业的很多管理人员都毕业于高等商业学校，从而为学生提供了广泛的人脉资源。很多学校还给学生配备了学术导师和企业导师。工程师学校则更是与企业建立了非常密切的合作关系，连课程安排都是由学校和企业共同制定的，教学内容也是随着产业和企业的需要进行动态调整。工程师学校的学生还必须到企业实习，第三年和第四年课程结束后要到相应企业实习两个月，第五年毕业前要参加六个月的实习，毕业时提交合格的实习报告。在完善我国本科型高等职业教育的人才培养体系过程中，也应注意将产学互动完善机制的有效落实作为重要的实现路径。

五、澳大利亚高等职业教育的发展

澳大利亚是除德国之外的职业教育最成功的国家，对世界职业教育的发展产生了巨大的影响力。进入21世纪以来，澳大利亚持续而卓有成效地推动职业教育改革，使得澳大利亚的社会经济发展在世界经济合作组织（OECD）成员国中稳居领先地位。澳大利亚的高等教育机构由两大类主体构成，一类是以学术研究为主要职责的各澳大利亚的综合大学，另外一类则是以职业技术教育为主的技术与继续教育（Technical and further education，简称TAFE）学院。①

---

① 崔慧丽，潘黎.澳大利亚高等教育机构分层与分类的概况、特点及启示[J].现代教育科学,2016（5）:135—140。

（一）澳大利亚高等职业教育的发展历程

由于受政治、经济、文化等因素的影响，澳大利亚的高等教育起步于1850年的殖民统治时期，在二战之前一直处于缓慢发展阶段。因此，本部分将重点研究澳大利亚的高等职业教育在二战之后的发展历程。概括起来，该时期澳大利亚的高等职业教育经历了如下五个发展阶段。

1. 起步阶段："二战"之后到20世纪60年代

二战之后，澳大利亚的经济开始复苏，职业技术教育的需求日益增长。特别是随着1945年颁布了《教育法案》，随后成立了澳大利亚联邦教育部，开始向各州提供教育经费。1956年，澳大利亚成立了"调查大学相关问题委员会"，该委员会明确提出了"技术学院应该承担各种形式的职业培训"①的观点。进入20世纪60年代后，澳大利亚先后成立了多所高等院校（包括综合大学、各类学院和师范学院），同时还改革了原有的技术学院，强化技术教育，同时建立了以技术教育为核心职能的高级教育学院，从而使得澳大利亚的高等教育进入了双轨制时代。但是高级教育学院的发展并没有取得预期的效果，反而与综合性大学之间的界限越来越小。②

2. 高职教育体系建立阶段：20世纪70年代

进入20世纪70年代后，澳大利亚开始构建自己的高等职业教育体系。该时期比较重要的标志性事件有三件：一是1973年，澳大利亚成立了技术与继续教育咨询委员会，该委员会在1975年改为技术与继续教育委员会，专门负责澳大利亚职业教育的需求评估和政策建议，同时协助确定政府对职业教育的资助标准。二是1973年，澳大利亚成立了技术与继续教育咨询委员会，通过了"学徒制国家支持计划"，从财政上开始大力支持学徒制，从1973年

---

① 石伟平,匡瑛主编.比较职业教育[M].北京:高等教育出版社,2012.

② 1988年,澳大利亚教育部部长约翰·道金森对高等教育进行改革,废除了高级教育学院,从而取消了大学和高级教育学院并存的双轨制,代之以大学和技术与继续教育学院并存的高等教育体系。取消了的高级教育学院或被并入澳大利亚大学,或是几所高级教育学院合并成为新的大学。

到 1976 年，财政资助从 650 万美元上升到 3490 万美元①。三是1974 年颁布的《坎甘报告》（又名《澳大利亚技术与继续教育委员会报告》），报告中明确界定了技术与继续教育的内涵，力图实现技术教育和继续教育相结合、学历教育与岗位培训相结合，有澳大利亚特色的 Technical and Future Education（即 TAFE 学院）随之诞生，进而推动了澳大利亚高等职业教育体系的建立。

3. 高等职业教育的调整阶段：20 世纪 80 年代

进入 20 世纪 80 年代后，TAFE 学院已经成为澳大利亚职业技术教育与培训的主要提供机构。为了进一步完善本国的高等职业教育，澳大利亚又采取了一系列措施。首先是 1981 年由澳大利亚联邦政府成立的国家 TAFE 研究中心，专门负责研究开发国家的主干专业，实现专家经验共享，减少专业开发成本，同时负责指导澳大利亚的职业教育专业分类。其次，澳大利亚于1985年发表了《柯尔比报告》，更加强调个人在职业发展过程中对教育和培训的需求，大大推动了澳大利亚受训生体系的建立和完善。同样是在 1985 年，澳大利亚联邦政府组建了澳大利亚职业技术培训网项目，为来自联邦政府、各州政府附属单位和银行、零售商行等各行各业的学员提供在工业企业工作实习以及在 TAFE 学院脱产学习的机会，大大扩大了职业技术教育与培训的覆盖群体。

4. 高等职业教育的完善阶段：20 世纪 90 年代

进入 20 世纪 90 年代后，国民对高等职业教育的质量提出了越来越高的要求。为此，澳大利亚政府采取了一系列措施。最具代表性的如下：1990年，《芬妮报告》提出了青年人就业应具备的关键能力，如语言和交流能力、数学能力、科学和技术理解力、文化理解力、解决问题的能力、个人和人与人之间的能力等，从 1991 年开始要求将核心能力的培养贯穿到整个教育过程。1992 年，澳大利亚职业教育与培训课程委员会发布了关于开发合格的职业教育与培训的方案，让各州的教育服务处要求"行业培训咨询机构对职业教育进行调研，根据行业的需要提出、制定和开发培训包，把能力标准、资

---

① 石伟平,匡瑛主编.比较职业教育[M].北京:高等教育出版社,2012.

格证书和评估手段集成一个培训包"①②。1994 年，澳大利亚成立了国家培训总局，构建了由行业企业参与职业教育与培训的联邦合作体系。与此同时，澳大利亚发布了职业教育的国家战略《1994—1997 年澳大利亚职业教育与培训国家战略：建设一个高技能的澳大利亚》。1995 年建立了澳大利亚资格框架（AQF），为澳大利亚的职业教育与培训建立了统一的国家资格认定体系，逐步形成了国家资格框架体系下行业积极参与，与中学、大学有效衔接，综合型、多层次的职业教育培训体系。此外，澳大利亚还在 20 世纪 90 年代建立并完善了包括学徒制和受训制在内的新学徒制③。

5. 高等职业教育的升级阶段：2000 年之后

进入 21 世纪以来，面对人口老龄化、国际竞争加剧、技能短缺以及高技能人才缺乏的情况，澳大利亚政府制定了一系列的改革举措。首先是颁布了两大国家战略：《1998—2003 年澳大利亚职业教育与培训国家战略：通往未来的桥梁》以及《构建我们的未来：2004—2010 年国家职业教育与培训策略》。紧接着，澳大利亚于 2005 年又制定了《使澳大利亚技能化：职业教育和培训的新方向》，同年 8 月颁布了《使澳大利亚劳动力技能化法案》。2006 年 11 月，澳大利亚召开了全国性的职业教育与培训改革大会，发布了发展与改革职业教育的诸多新举措。2011 年 5 月，澳大利亚技能署发布了《为了繁荣的技能——澳大利亚职业教育与培训路线图》，对过去 20 年的澳大利亚职业教育发展进行了综合评估，并提出了未来的职业教育的 8 大改革方向，从而为提升澳大利亚高等职业教育的国际竞争力提供了坚实的保障。

（二）澳大利亚高等职业教育的主要特征

澳大利亚 6 个州和 2 个领地共设有 85 个 TAFE 学院、1132 个校区，提

---

① 从 1998 年开始，行业培训包获得了澳大利亚政府的普及和推广，并被作为 TAFE 课程开发的依据。

② 石伟平，匡瑛主编.比较职业教育[M].北京:高等教育出版社,2012.

③ 新学徒制由产业机构引导，由行业制定培训标准，扩大培训范围，在国家大框架下保障受训的人口和机会公平。政府则为新学徒制提供资金支持。1998 年，澳大利亚政府成立了新学徒制中心，为年轻人提供工作和教育相结合的机会，并可以获得政府认可的资格证书。

供着数以千计的根据社会经济和工商业发展需要而设计的职业和非职业课程。澳大利亚的总人口只有 1870 万，而在 TAFE 系统读书的学生就达到了 127 万，是澳大利亚综合大学在校生的 1.7 倍，在澳大利亚的高等教育体系中占有举足轻重的地位。因此，本研究将主要以 FAFE 为例，分析澳大利亚高等职业教育的特点。

1. 严谨的学位制度保障了高等职业教育的质量

在澳大利亚的大学和技术与继续教育学院体系中，总共有 39 所大学具有学位授予的资格，大学下属的独立学院和技术与继续教育学院均没有资格授予学位。大学下属的独立学院虽然可招本科学生，但是要授予学位，必须经过大学同意。技术与继续教育学院无学位授予资格，只能给毕业生从高到低颁发六个等级（2005 年前包括 Ⅰ、Ⅱ、Ⅲ、Ⅳ 级证书、文凭和高级文凭）的职业资格证书，而且职业资格证书与学位证书之间无法相互转换。这种层次清晰、结构鲜明的高等教育体系虽然人为制造了大学和 TAFE 的等级性，但是却对澳大利亚的高等教育质量保障发挥了重要的作用，学术和职业类高等教育都在各自的轨道上健康发展。这也从另外一个层面证明，各国在发展自己的高等职业教育体系时，应充分结合本国的历史文化传统，不能简单地生搬硬套某一特定国家的高等职业教育体系的做法。

2. 完善的高等职业教育支撑体系

在不能颁发学位的情况下，澳大利亚还能发展出高品质的高等职业教育，与其完善的支撑体系密不可分。第一个支撑要素就是 1995 年 1 月开始实施的《澳大利亚资格框架》（AQF）。这是澳大利亚国家层面的资格框架，包括职业教育的证书和文凭以及普通教育的证书和文凭，涉及高中教育、高等教育和职业教育与培训。2005 年前，AQF 提供的职业教育资格证书只有六级，2005 年后，又增加了职业教育研究生证书和职业教育研究生文凭 2 个级别。职业教育研究生证书和文凭与普通高等教育的研究生证书和文凭处于同一级别，是等值的。第二个支撑要素则是《澳大利亚技术与继续教育框架》（TAFF）。在澳大利亚，提供职业教育与培训的机构有 5 类，这些机构都能提供技术与继续教育课程——TAFE 课程（TAFE—Course），但这些机构并不都是 TAFE 机构。例如，由政府举办的技术与继续教育机构，可提供证书（4 个级别）、文凭（2 个级别）、研究生证书（2 个级别）；部分前身为理工学院的大学提供的职业教育与培训；部分中学也会提供一级证书和二级证书的职业教育与培训；私立的职业教育与培训机构；为员工开展培训的企业。第三个支撑因素是《澳大利亚质量培训框架》（AQTF），目标是建立稳定且高质量的职业教育与培训体系。具体包括注册培训机构（RTO）的标准以及州与领地注册和课程授权委员会的标准。①这也再一次证明了国家的相关法律法规对于发展高等职业教育的重要作用。

3. 高度开放的高等职业教育系统

澳大利亚高等职业教育系统的开放性体现在诸多方面。首先，招生工作高度开放。既接收 12 年级的高中毕业生，也接纳高中毕业后就业 1~2 年的社会青年，也对全社会的在职和非在职人员开放，学术型大学的学生或毕业生也都可以进入高等职业教育机构学习。此外，学习方式也非常开放。既有全日制，也有半日制，既可以选择面授，也可以选择函授和远程教育。因此，学生可以在学校学习，也可以在家里学习，还可以在工作场所或休闲场所学习，甚至可以选择不同的 TAFE 学院学习。只要学分修够，评估合格后都可以获得相应的文凭或证书。在高等职业教育的人才培养过程中，包括行业企业在内的社会主体都会参与每一个环节。从澳大利亚宏观政策的制定和培训包的开发，到微观层面的学校管理和具体课程开发，都离不开广泛的社会参与。这种多元化的社会参与机制非常值得我国在完善本科型高等职业教育的人才培养体系时参考和借鉴。

4. 顺畅的高等职业教育与普通高等教育的衔接机制

澳大利亚的高等职业教育体系构建了统一的证书制度以及标准的培训包课程模块，从而使得高等职业教育与普通教育之间的衔接成为可能。澳大利亚的普通高中就会开设相应的职业课程，所修学分能得到高等职业教育机构

---

① 姜大源,王泽荣,吴全全,陈东.当代世界职业教育发展趋势研究——现象与规律(之一)——基于横向维度延伸发展的趋势:定界与跨界[J].中国职业技术教育,2012(18):5—16.

的认可。而在高等职业教育的职业资格证书中，前四个证书被认为是中等职业教育的内容，之上的则属于高等职业教育内容。到了研究生层次，职业教育和学术教育的文凭之间已经可以等值。此外，学生从高等职业教育机构毕业后，可以进入大学学习，相关专业课程学分可以全部或部分得到承认。当然，高等职业教育机构也接受从大学过来的学生，以提高普通高校学生的职业技能水平。甚至很多学术型大学内部直接设立了职业教育部，为学生提供高等职业教育课程。由此可见，澳大利亚的高等职业教育与普通高等教育虽然有着各自的发展轨道，但是两者之间的衔接机制非常顺畅。这也是我国在构建高层次职业教育的制度体系时值得借鉴的一个重要方面。

5. 实现高等职业教育机构与行业的深度融合

行业企业积极参与高等职业教育是澳大利亚的一大特色。在课程开发环节，培训包的制定就包括行业的从业人员、政府部门和教育机构的专家，从而可以将行业特点和职业需求融合到课程中。此外，行业还参与了国家资格框架、认证框架等的制定工作，从而将行业所需的能力体系与不同等级的职业资格证书对应起来。无论是公立的还是私立的 TAFE 学院，很多董事会成员都是来自企业的资深行业专家。在人才培养的过程中，企业也大量地参与培训过程，例如，帮助学校建设实训基地，派技术专家到学校讲座，接受学生来企业实习，组织高职院校的老师来企业工作学习等。澳大利亚的这一高等职业教育特征再一次证明了院校与行业的深度融合是培养高水平技能型人才的重要保障。

6. 注重学生能力本位和综合素养的培养

澳大利亚的高等职业教育以职业资格课程为主线开展，充分尊重行业实践与发展需求。在提高能力的过程中，重点是提高学生运用知识和技能解决实际问题的能力。对于综合素养，澳大利亚主流社会认同的素养也贯穿在其高等职业教育的人才培养过程中。最核心的素养包括公民素质、个人成长和技能素质。公民素质的核心是"尊重"和"责任"，一方面教会学生做人，另一方面让学生成为一个懂得尊重又有自尊的人。个人成长的核心包括人格独立、批判性思维、对事物具有广泛持久兴趣以及抗挫折能力。技能素质则包括沟通、团队、合作、领袖才能和解决问题等。正是因为澳大利亚的高等职业教育也非常注重学生能力和综合素养的培养，才使得高等职业教育与普通大学之间的转换成为可能。因此，在构建我国高层次职业教育的人才培养体系时，应该将学生能力和综合素养作为重要的培养目标。

六、日本本科层次高等职业教育发展情况

以"二战"为分界线，日本的高等职业教育发展可以划分为战前和战后两个阶段。"二战"前，日本的高等教育体系主要由大学、大学预科、专门学校、高等学校和高等师范学校五类机构组成，尚没有真正意义上的高等职业教育机构。"二战"后，日本的高等职业教育获得了迅速发展，并为日本的工业化和现代化提供了大量的高素质技能型人才支撑，为成功追赶美国发挥了巨大的支撑作用①。因此，考察日本高等职业教育的发展应该从"二战"之后开始。

（一）日本高等职业教育的发展历程

从"二战"结束到21世纪，日本的高等职业教育经历从专科到本科再到研究生的不断完善过程，最终形成了以短期大学、高等专门学校以及专门学校为主体的高等职业教育体系。因此，本部分将从上述三类高等教育机构的变迁历程视角考察日本高等职业教育的发展历程。

1. 日本高等职业教育体系的起步阶段

"二战"后，为了适应日本战后重建以及经济社会的发展需求，日本对旧式的高等教育机构进行了合并与升格，其主导方式就是将旧式的高等教育机构进行合并或升格。符合条件的一律转为四年制大学，一部分不符合条件的

---

① 刘柳.本科层次高等职业教育人才培养目标定位研究[D].湖南师范大学硕士毕业论文, 2016.

专门学校则被编入短期大学（1952年），从而成为日本高等职业教育的肇始。由于短期大学是日本"二战"后成立的第一类高等职业教育机构，"以女子实务教育和终身教育为中心"，"以教授和研究高深专门学术知识，培养学生职业及实际生活的必要能力为目的"（引自日本《学校教育法》），这种职业主义和实用主义的办学原则受到了国内民众的广泛欢迎，规模得到了快速扩张。在鼎盛时期，短期大学的数量一度达到598所，占全部高等院校数量的48%，在校生总数达到530294人，占全部高等院校在校生数的17%，是日本高等职业教育体系中的重要主体。

2. 日本高等职业教育体系的拓展阶段

进入20世纪60年代后，日本的经济进入了迅速发展期，以制造业为核心的第二产业对技能型人才的需求日益紧迫，实践型的技能人才供不应求。为了应对新形势，日本政府于1961年修改了《学校教育法》，从而产生了一种新型的高等职业教育机构——高等专门学校。从产生过程看，高等专门学校是日本政府"计划"的结果，打破了日本"二战"后"大学一体化"的高等教育格局。从此，日本的高等职业教育开始了高规格基础上的迅速发展。但是，与短期大学不同的是，高等专门学校的数量并不多，即使是1975年，也只有65所。此外，高等专门学校以培养男性实践型技术人才为核心目标，以"教授高深专门学艺，培养职业所必要的能力"为教育宗旨，重视学科的专门性和职业技能的掌握，从而为日本的工业化提供了强大的高技能人才支撑。

3. 日本高等职业教育体系的完善阶段

进入20世纪70年代后，日本的产业升级速度开始加快，对人才的需求层次也在不断提高。为了适应产业结构调整和高新技术企业对高技能型人才的需求，日本于1976年在长冈和丰桥建立了两所应用型工程技术院校——长冈技术科学大学和丰桥技术科学大学。日本的技术科学大学融合了本科院校的特征和高职院校的使命，是介于研究型大学和高职院校之间的一种创新型的高等教育机构。其人才培养目标为"以新技术开发、科学技术教育和研究为使命，培养具有新学问和工程应用能力、富有实践性和创造力、能够为人类社会的繁荣作出贡献的指导性技术人才"。这样的人才培养定位使得日本的技术科学大学既有四年制的本科教育，也有五年制的高等专门教育和研究生教育，每个教育阶段都有自己独特的人才培养目标。其中本科阶段的人才培养目标是培养学生较强的实践能力和应用能力。

日本的技术科学大学从诞生之日起，就受到了日本民众和产业界的普遍欢迎，同时也保持着精英化的办学模式。经过40年来的发展，日本也只有5所技术科学大学，占日本大学总数的0.9%，但是却在日本高等教育体系中占有举足轻重的地位。

（二）日本本科层次高等职业教育的主要特征

正如前文分析的那样，为数不多的技术科学大学最能代表日本的高水平职业教育，这些大学的核心目标就是培养能够适应社会经济发展变化，具备较强实践能力、应用能力和创造能力的高素质技术人才。它不仅有四年制的本科和五年制高等专门教育，还有研究生教育。因此，本部分将从宏观和微观两个层面探讨日本的高等职业教育特征。其中微观层面将主要以技术科学大学为例。

1. 构建体系完整、层次鲜明的高等职业教育体系

在科学技术发展日新月异、产业结构转型升级不断加速的时代背景下，日本的高科技产业获得了迅速发展，从而导致企业对技能型人才的质量要求日益提高。为此，日本在原有高等职业教育体系的基础上，不断提高技能型人才的培养层次，构建了一个包括职业技能培训、专科、本科、硕士和博士的完整的技能型人才培养体系，同时打通了各层次教育之间的联系，最终形成了一个体系完整、层次鲜明的高等职业教育体系。例如，接受专科型职业教育的学生在完成规定学业后可以进入本科阶段学习，还可以进入研究生层次深造。这种一体化的技能型人才培养模式从整体上保持了职业教育的稳定性和延续性，为日本高等职业教育的发展提供了坚实的基础。这也从制度层面确保了高等职业教育和普通高等教育之间类的属性，非常值得我国参考和借鉴。

2. 以人才培养为核心深入推进产学研合作

产学研合作是日本高等职业教育机构实现技能型人才培养的重要途径，而以技术科学大学为代表的高层次技能型人才培养机构则将产学研合作作为保障技能型人才培养质量的重要抓手。产业和高等职业教育机构的合作不仅体现在课堂教学、校内实训和企业实习等方面，甚至已经体现到了科学研究领域。当然，要在科研领域实现产学研合作，高职院校必须具备高质量的老师和学生，而这正是日本技术科学大学的优势所在。由此可见，要发挥我国的本科型高等职业教育在推动我国产业结构升级中的作用，必须坚实有效地推进产学研紧密合作。

3. 日本的高等职业教育非常重视实践能力的培养

早在创办之初，日本的技术科学大学就将培养指导性技术人才作为其办学目标，同时要求培养出来的人才具备一定的技术理论知识和较强的技术开发能力、应用能力和创新能力，还应具有奉献社会的精神等素质。因此，日本的高等职业教育非常重视实践能力的培养。从就业定位看，高等职业教育毕业生主要面向各行各业的中层技术岗位，因此，既有理论功底又有实践能力的毕业生最受企业欢迎。为此，日本在高等职业教育课程的设置中不断完善各种实习、演习及实验等课程，并且不断推动这些课程的制度化、系统化。在设计创新型、国际化的高水平技能型人才培养体系时，理论功底和实践能力二者不可偏废。

4. 日本的高等职业教育非常重视培养学生的创造能力

伴随着日本科技创新战略的确立和推进，同时也为了应对世界知识经济时代的到来，日本社会开始强烈批判和反思原来那种"以死记硬背为中心、忽视创造能力和个性"的人才培养模式，应将学生创造能力的培养作为教育的重要内容。这种教育改革思潮也反映在了高等职业教育领域。为此，日本的各大技术科学大学就已经开始着手培养学生的创造能力，明确要求在人才培养目标定位中将培养学生的创造能力纳入其中。例如，为了培养综合素质高、创造能力强的高技能人才，日本长冈技术科学大学在其高年级的实践活动中设置了很多开发性、创造性的实验课程，目标是强化学生创造精神和创造能力的培养。为了确保我国的高等职业教育能有效地服务于产业结构优化升级的需求，必须有意识地强化学生创造精神和创造能力的培养。

5. 重视提升高等职业教育学生的综合素养

除了重点培养高职院校学生的实践能力和创造能力，日本的高职院校也非常重视培养学生的综合素养。无论是学分数量，还是课程结构，日本的本科层次高职院校都非常重视提升学生的人文素养和科学素养。在加强人文素养的基础上，注重培养学生处理人与人、人与自然、人与社会之间关系的能力。此外，日本的本科高职院校在确保学生能够学到最前沿的产业知识和技术的同时，还进一步强化学生的科学理论素养。理论课程的设置遵循如下原则：一是以"适用"和"够用"为目标；二是理论课程不强调深度，以掌握基础知识为主；三是学习理论的目的是更好地掌握职业技术；课程内容不突出强调需要的深度，很多理论课程以掌握基础和入门为主，且学习理论是为了在实践中能够更好地掌握技术。与此同时，为了满足学生适应不同职业岗位的现实需求，日本的本科高职院校还广泛实施了"通专多能"（多接口）的人才培养模式，强化计算机和外语教学，全面提升学生应对信息化和国际化时代的能力。如果说专科型的高等职业教育在培养学生的综合素养方面尚无如此紧迫的需求，那么，在完善本科型的高等职业教育人才培养体系时，完善学生的综合素养就应该成为考量的重要因素。

第五章　北京市高端技能人才
培养案例研究

世界范围内科技的迅猛发展，"工业4.0"时代的到来，对生产、服务和管理等领域产生了巨大的影响，原有的职业、岗位的工作内容、任务和方式随之发生了重大变化。2015年5月，中国正式颁布《中国制造2025》，规划分三步走实现制造强国的战略目标，第一步，到2025年迈入制造强国行列；第二步，到2035年中国制造业整体达到世界制造强国阵营中等水平；第三步，到中华人民共和国成立一百年时，综合实力进入世界制造强国前列。此外，京津冀一体化重大战略的提出和实施，为北京市提供了新的发展机遇，也带来了巨大的挑战。作为全国政治中心、文化中心、国际交往中心、科技创新中心，作为国际金融中心城市、国际商贸中心城市、服务业扩大开放综合试点城市，作为京津冀一体化发展重大战略的核心区域，北京市的产业链必将从低端走向高端，这样就对技术工人、基层管理和现场服务等一线技术技能人才的数量及质量提出了更高的要求。为了贯彻落实《国务院关于加快发展现代职业教育的决定》，也为了适应新时代对高技能人才的需求，北京市政府于2015年正式启动了高端技术技能人才贯通培养试验项目（为行文简便，以下简称"贯通培养项目"或"贯通项目"），试点构建高等职业学院与应用型本科院校衔接培养人才的通道，将高等职业教育延伸到本科层次，使得高等职业教育(含本科层次)逐渐成为首都职业教育体系的重心。同时提出要培养"国际化、高水平、创新型、复合型"人才，并采用了"2+3+2"的高端技术技能人才培养模式。具体内涵为初中毕业生在试验院校接受完两年优质高中教育后，直接进入高等职业院校相关专业学习三年，然后经过转段考试，对接国内外本科院校接受本科教育。高中阶段的前两年在高等职业院校接受基础文化课程教育，中间三年在高等职业院校接受专业课程及职业技能教育，后两年对接国内外高校接受本科专业教育。为了实现项目既定的人才培养目标，贯通培养试验项目支持部分职业院校与示范高中、本科院校、国内外大企业合作，选择对接产业发展的优势专业招收初中毕业生，学生完成高中阶段基础文化课学习后，接受高等职业教育和本科专业教育。①

一、贯通培养项目特点

按照贯通项目的人才培养目标和功能定位，贯通项目学生应该具备就业标准高、培养目标高、生源起点高、资源配置高以及发展空间大等特点。项目从设计之初便瞄准首都"高、精、尖"产业对高技能人才的需求。也就是说，贯通项目培养的"高端"人才将面向由"高、精、尖"产业、"战略性新兴产业"等的发展带来的岗位（群）。这些岗位（群）既可能是全新的，也可能是原岗位的进一步分化或综合，或者是原岗位名称不变，但岗位职责及要求出现了更高的要求。目前从事这类岗位的人才稀缺，备受社会青睐。除了培养目标定位高，贯通项目的人才培养模式中还非常重视培育和践行社会主义核心价值观，全面提升学生的人文素养、科学素养、健康素养，增强学生创新精神、实践能力和社会责任感，培养学生国际交往能力和可持续发展能力，使学生成为国际化、高水平、创新型、复合型人才。

为了确保生源质量，贯通培养项目对招收的初中毕业生明确提出了成绩要求，即提前招生的中考成绩不低于 460 分，统招的中考成绩不低于 430 分。从招生的实际情况看，试验院校的最高录取分数为 549 分，最低分为 430 分。根据往年的经验数据分析，这个分数段的学生经过高中学段的培养，基本都

---

① 赵晓燕，王洪见，吕路平."2+3+2"贯通培养试验项目高端技术技能人才特质解析[J].北京财贸职业学院学报，2016(10):42—47.

可以考入二本以上的本科院校。所以从生源质量上看，贯通培养项目的生源质量要明显优于现阶段高职院校的学生。为了确保资源投入，贯通项目通过政府的专项高标准投入（人均拨款是普通高职学生的两倍，学生在国外学习期间享受政府专项经费支持），为学生配置最好的师资、最优的课程和一流的教学环境与设施。通过与示范高中、市属本科高校、国外本科院校联合，与国内外知名企业合作，共同设计一体化人才培养方案，不断创新课程体系，引进国内外优质课程和教学资源，实现"高端技术技能"人才的贯通培养。

学生未来的发展空间大。一方面，贯通项目本身就是为了破冰高考、突破应试教育束缚而设计的一种高等职业教育模式。"2+3+2"这一培养模式横跨职业教育与普通教育，纵连高中教育与大学教育，从制度设计上解决了长期以来应试教育与素质教育之间的矛盾，真正从素质教育出发，让愿意接受高等职业教育的学生避开高考的压力，致力于职业能力和职业综合素养的提升，为终身发展打下良好的基础。另一方面，通过"证书"构建了"立交桥"，为学生提供多样化的发展路径。贯通项目的学生在规定的时间内参加会考（学业水平考试），全部科目合格后，可获得《北京市普通高中毕业证书》（贯通培养试验项目），完成 5 年学习任务且成绩合格者可获得高等职业教育毕业证书，继续完成第 6 到第 7 学年的学习任务且成绩合格者，可获得普通高等教育本科层次（专升本）毕业证书或国外合作院校颁发的本科毕业证书。此外，学生在第 3 学年，符合高考报名条件的还可以参加当年高考，学生完成高职教育并通过专升本转段考试取得本科学籍后可以申请休学创业，在专业学习期间可以考取国内外职业资格证书。"立交桥"式的培养架构为学生的发展提供了非常大的发展空间。

从总体上看，贯通项目的学生享受到了得天独厚的制度优势和资源支持。但从生源的横向对比看，与能考上一本的生源还有一定的差距。从中考录取的分数指标看，目前的生源也还不是最好。例如，2015 年本项目的合作高中普通班的录取分数为 537 分。北京市的另外一些一流重点高中，例如清华附中普通班的录取分数线为 548 分，十一学校为 547 分，北京四中和人大附中普通班的录取分数线达到了 555 分。此外，贯通项目的学生分数级差大，离散度高，项目教师来源多样、参差不齐等，这些都构成了贯通培养项目的阶段性特点。

二、贯通培养项目的办学指导思想

本项目的办学指导思想为坚持立德树人、全面发展，深化职业教育教学改革，探索实施素质教育的新途径；打破体制机制障碍，整合融通各级各类优质教育资源，探索优质高效育人的教育发展新模式；促进教育公平，完善职业教育体系，构建人才培养"立交桥"，为学生成长成才提供更多更好的发展机会；对接首都经济社会发展和产业转型升级需要，改革专业设置，调整教学计划，全面加强校企合作，培养高端技术技能人才；提升职业院校办学水平和教育质量，增强职业教育对首都经济社会发展的贡献力和影响力。

三、贯通培养项目的总体办学定位

贯通培养项目的实践意义是把高中教育、高等职业教育和本科教育各自的优势融合在一起，克服高中教育、高等职业教育、研究型大学等分类分段培养相应人才的局限性。从建立之初，本项目的总体办学定位主要体现在如下方面。

（一）整合优质教育资源，办高水平的职业教育

为适应广大考生及学生家长接受高水平职业教育的需要，摆脱"高考指挥棒"和"应试教育"的束缚，瞄准世界水平，发挥基础教育、技术教育和学术教育的各自优势，共同探讨高端技术技能人才的培养方式和途径，按照学生的成长成才规律和需要培养高端技术技能人才，使学生能够快乐学习，激活潜能，实现知识、能力和素质协调发展，同步提高；探索破除教育公平制度障碍的途径，营造机会均等、制度公平、资源配置合理的教育生态环境，使教育公平真正体现在人们享有各项教育活动的起点、机会、过程

和结果之中。

（二）搭建人才成长立交桥，促进区域人才结构调整

提高首都社会劳动力主体中高端技能型、高级技术型和工程型人才的比例，满足首都总部经济、高端产业和世界城市建设的需要。大力提升和加强应用型人才培养，探索和实践高等教育转方式、调结构、促转型的模式、方法和路径，构建"立交桥"、创建"直通车"，实现高中基础教育、职业技术教育和本科学历教育"融通贯通"，为首都职业人才成长开辟新天地和新路径。

（三）创新职业教育模式，助力首都产业结构升级和城市管理现代化

面向产业、面向未来、面向世界，吸引一批有培养前途的青年才俊，集成示范高中、示范高职。充分借鉴国内外应用型大学的优质资源和特色，与一批国内外优质名牌企业建立深入合作关系，引进国际化的教育理念、先进教育方法和国际通行标准，深度改革教学标准、教学内容和教学管理，促进职业教育和产业转型升级的融合对接，促进首都职业教育和国际水准对接，高起点、高标准构建高层次高等职业教育体系，高投入、高要求地培养适应世界经济一体化新趋势和首都产业技术进步和城市管理现代化需要的高端技术技能人才。

四、贯通培养项目的人才培养目标

在我国现有的教育体系中，由于受历史传承和社会经济发展阶段等因素的制约，存在着诸多难以满足高科技时代对高层次高技能人才需求的问题。例如，在传统的普通高中教育阶段，基本上实施的是预备升学教育，高考考什么老师教什么，高考考什么学生学什么，沦为了单纯以知识本位、以考试分数为价值追求的教育，忽略了学生的动手能力和跨学科应用知识解决问题能力的培养。而传统的高等职业教育是以培养学生技术技能为主的教育，在

很大程度上忽略了知识的基础性、系统性和培养学生综合运用知识分析问题解决问题的能力。现阶段的本科高等教育更多地强调知识的系统性、科学性，缺乏运用知识解决现实问题的能力。如果能将高中教育、高等职业教育以及本科高等教育的优势融合在一起，对推动高等职业教育的升级发展将发挥重要的作用。

正是在对上述因素进行了充分的考虑之后，北京市的贯通培养项目定位为面向技术密集型、知识密集型、资本密集型国际化高端产业，培养具有扎实的基础知识、人文素养、技术理论和前沿专业领域核心技术技能；具有综合运用科学技术理论以及复杂、先进、尖端的技术技能，从事产品开发与设计、技术改造与技术革新工作的能力；具有一定的国际视野和跨文化环境下的交流、竞争和合作的素质和创新能力的高端技术技能人才，为国际化大企业提供人才支撑。概括起来，贯通培养项目的人才培养子目标如下。

（一）培养具有国际水准的职业工程师和高端应用技术技能人才

在北京市未来的产业发展格局中，以新一代信息技术产业、生物医药产业、航空航天产业、新材料产业、新能源产业、高端智能装备产业等为代表的高精尖产业将日趋重要。为了满足这些高精尖产业的人才需求，迫切需要提升北京市的高技能人才培养层级。这些人才既具有复杂、先进、尖端的技术技能，拥有解决生产、建设、服务、管理工作中实际问题的知识和能力，又同时具备职业技能发展和技术革新能力。不仅如此，这些高技能人才还是兼具创新思维和创新能力的国际化职业工程师，能够适应首都将来高精尖产业发展和城市管理现代化的需要。

（二）促进学生知识、能力和素质协调发展

无论是从人力资本理论的角度看，还是从新职业主义教育理论的角度看，培养学生胜任未来高技术产业工作岗位所需的相关人力资本要素是本项目的核心。因此，从设计之初到后续实施，本项目都重在培养学生的健康体魄和健全人格，让学生拥有阳光心态、辩证思维和国际视野，引导学生具备深厚

的科学基础、人文素养和技术理论，同时具有较高的职业技能、较强的工程实践能力和较好的创新创造能力。这些要素既是人力资本的细分要素，同时也是适应未来新兴职业岗位所必需的。

（三）以自我学习能力和未来可持续发展为核心

培养学生扎实的基础知识和技术理论以及前沿的专业领域核心技能，具有发现问题、分析问题、解决问题的能力，具有自主学习、主动实践、追求创新的学习品质和能力，具备岗位迁移能力，使学生成为"厚基础、强能力、高素质、宽视野、善创新"的可持续发展的国际化职业工程师，以适应技术进步和产业升级换代的人才需求。

五、贯通培养项目的人才培养模式

本项目自 2015 年开始实施以来，采取的主导模式是多元教育主体实施的贯通培养模式。北京市政府支持部分职业院校与示范高中、本科院校、国内外大企业合作，选择对接产业发展的优势专业招收初中毕业生，前两年在高等职业院校接受基础文化课程教育（示范高中协作培养），中间三年在高等职业院校接受专业课程及职业技能教育，后两年对接市属高校接受本科专业教育（其中本科教育通过专升本转段录取）。项目的试验内容和试验范围每年可根据改革实际需要进行相应调整，这就为项目的人才培养模式优化提供了改革的空间。

（一）"2"年高中教育阶段的培养目标及主要任务

按照教育部关于高中教育阶段教学大纲的要求和北京市示范高中优质课程标准，设置独特的课程目标和培养方案，以科学基础、人文素养、艺术修养培养为主线，树立职业理想和目标，夯实文化素质基础，拓宽国际文化视野，培养个性发展和职业兴趣，为衔接后两段教育奠定基础。

高中教育阶段由北京市某高职院校和北京市某重点中学深度合作办学，

以重点中学为主，全面推行素质教育，部分课程实施双语教学，完成现有高中教育功能。精选教学内容，优化教学组织与方法，缩短学习时间，基础课程前移，将大学阶段的英语、数学、信息技术、通用技术等融通课程的内容进行跨学科整合，将高中与大学阶段的数理化课程内容进行学科内部整合，并吸纳参与合作办学的国外应用大学的课程内容与要求，实行一体化精准对接。

高中教育阶段学生采取不分专业的方式完成高中阶段的学习，同时强化外语学习，达到口语熟练、沟通流利的水平，学生入学后根据需要选择外语主修语种和辅修语种，以适应去国外学习研修、企业实践、研讨交流和生活工作等国际交流的需要。

项目的教学过程实施走班制、导师制、学长制与学分制，实行自主排课，自主会考。其中，一至三年级具有双学籍，执行北京市中等专业学校学籍管理办法，实行"职普融通、学籍互认"，可高考，可直读。完成学业且成绩合格可获得重点中学的高中毕业证书，并可参加高等学校招生考试，被录取者不再保留七年贯通培养的资格。

经学生本人和家长申请，重点中学的普通高中学生也可转入此项改革试验班，加入"2+3+2"的培养系列，并享受项目的相关政策及待遇。

数理化、英语、人文综合等基础课程优先选用重点中学的优质名师教学。聘用国内优秀名师和英、美、德、法、日等语言外教从事外语教学。高职院校选拔优秀教师培训上岗。此外，该项目有效打破校际界限，组织学生在北京市范围内选听优质课程，享受名校名师名课程资源，承认学分；充分发挥高职院校的职业教育优势，进行通用技术和信息技术教学，打下技术教育的良好基础。

（二）"3"年技术教育阶段的培养目标及主要任务

完成高中阶段的学习任务后直接进入高等职业教育专业学习，学生可自主选择专业，试读三个月后也可以按规定申请转专业，并选择去国外续读本科的国别和相应的外语语种。

技术教育阶段主要是学习和掌握专业基础知识、基础技术理论和专业核心技能，使学生具有较高的职业技能，较强的工程实践能力，能够创造性地解决问题。技术教育阶段注重与本科和国外应用技术大学衔接课程的学习，为下一阶段进入本科专业学习或国外应用技术大学学习做准备。选择去国外本科院校继续学习的学生，需要继续强化主修外语的学习，并达到前往国家应用技术大学的入学标准，同时大力实施双语教学，每个专业至少开设 3~5 门双语课程。

四至五年级执行高等职业学校学籍管理办法。学习期满考试合格者，获得高职院校的大专毕业证书。通过国外应用技术大学遴选测试者或通过国内专升本转段考试者，进入国际或国内本科阶段学习，完成五至七年贯通培养。

技术教育阶段学习结束后有三个出口可供学生选择：一是被选中去美国、德国、法国、英国、日本、瑞士等国外应用技术大学继续攻读本科学位的学生，公派送到指定的国外应用技术大学。选派原则是依据选拔考试的分数及在校学习表现。选派比例不低于学生人数的 50%，淘汰率不高于 15%。学生国外学习的学费及生活费用采取全额奖学金的方式由政府给予资助；二是参加北京市专门组织的转段考试升入北京工业大学、北京工商大学、北方工业大学、北京信息科技大学和北京服装学院等普通本科院校完成本科阶段的学习；三是推荐就业，并保留北京市属本科院校的学籍，五年有效。

（三）　"2" 年本科教育阶段的培养目标及主要任务

学生完成高中教育和技术教育后，进入对接的国内外应用技术大学学习 2 年，完成专升本阶段的学习。本科阶段需要进一步深化专业理论学习，强化工程应用训练，提高工程创新实践能力，使学生具有综合运用所学科学技术理论，从事产品开发及设计、技术创造与创新工作的能力；具有一定的国际视野和跨文化环境下的交流、竞争与合作素质，成为有更加广阔发展前途和潜力的国际化职业工程师。去国外应用技术大学学习的学生，接受国外大学的管理和中国教育部关于国外留学生的相应办法管理。

除了出国攻读本科学位以外，六至七年级也可以直接进入对接的北京市属本科院校学习，学生取得本科生学籍，执行本科院校学籍管理办法，完成六至七学年学习任务成绩合格者，取得普通高等院校本科层次毕业证书，达到所在本科院校学士学位要求者，授予学士学位。

概括起来，北京市贯通项目的人才培养路径如下图所示。

阶段	内容	课程特色	价值
第一年 第二年	高中基础教育	与重点高中合作、研发突出动手实践与创新培养的特色课程与教学方式，强化德育教育，加强立德树人	1.突破高考的束缚，更多精力放在动手实践与创新培养 2.重点高中的介入一方面提高生源质量，另一方面提高基础教育的教学质量，改变原有高职理论基础不足的问题
第二年 结束	通过北京市高中学生学业水平测试		
第三年	大学准备课程 专业准备课程 语言准备课程	高中与大学的融合，突出对专业的认知与选择	学生不需要参加高考，可以做好对大学学习的更多准备
第三年 结束	学业合格，符合毕业标准者，可以取得重点高中的高中毕业证书，既可以在贯通项目中继续学习，也可以选择参加高考		
第四年	专业基础课程	中法融合课程 中德融合课程	通过课程融合与借鉴，提升北京电科院的教育教学水平与师资队伍，改变人才培养理念和方式，打造具有中国特色、被世界认可的新型高职课程
第五年	专业课程	部分同学通过语言测试与学科成绩达标可以赴法国科技大学、德国应用大学继续深造，完成学士学位或硕士学位，部分同学继续在贯通项目学习	
第五年 结束	在贯通项目学习的学生参加国内专升本转段考试，考试合格者升入北京市各本科对接高校		
第六年 第七年	完成国内本科课程完成德法本科课程		
学士学位后可以自由选择是否继续深造			

图5-1 北京市贯通培养项目的人才培养路径图

六、贯通培养项目的人才培养模式创新

为了实现预期的项目培养目标，项目的主办方从不同环节进行了培养模式的创新。概括起来，这些创新集中体现在如下方面。

（一）实施交叉培养体制，实现优质教育资源共享

借助于北京市优质教育资源密集的特点，充分发挥首都大学名校的优质师资和课程资源的作用，让学生享受到首都最好的教育。首先，建立校际合作机制，可以分批分步组织学生去清华、北大、北航等名校名师课堂听课，而且这些课程都可以认定学分。其次，聘请名校名师到学校授课。再次，技术技能与实训课程利用高职院校的优质条件来完成。最后，公共选修课充分利用"学院路高校'教学共同体'"和优质慕课（MOOC）资源等完成。因此，本项目充分实现了各类学校"优势互补，交叉熏陶"，理论与实践交叉学习，校际校企交叉培养，进而形成整体的人才培养优势。

（二）不断创新高技能人才培养的课程体系

培养高精尖、国际化和应用型工程师类人才的关键在于课程体系。由于课程观决定着人才观，课程结构决定着培养出来的人才结构，课程质量决定着人才质量，因此，贯通项目的一大重要创新就是重构高等职业教育的课程体系。贯通培养项目的课程属于根据培养目标量身定制的课程，这些课程既有别于普通高中课程，又有别于原有的只注重培养技能技巧、培养目标为技术工人的高等职业教育课程，而是按照国内外应用型大学、高新产业等选人、用人的标准以及所应具备的基础知识、学科素养、学科能力、创新能力来设计课程，既突出理论基础，更突出动手实践能力和创新能力培养，辅以开阔的国际视野，这也是人力资本理论发展到现阶段在高等职业教育领域的必然反映。

以数学学科为例。传统高中数学往往以理科数学为基本体系，重在推理

论证，而贯通项目学生未来的需求是工科数学，重在建模和解决问题，因此贯通项目的数学课程在保留基本理论体系的基础上（完成北京市高中生学业水平测试），增加了大量工科数学的内容，在教法和评价上也更加注重解决实际问题能力的培养。而在理、化、生等学科领域，则更加注重实际动手操作的探究性实验，增加学生实际应用的体验机会，同时，增加跨学科的项目式学习内容，重在培养学生运用知识解决实际问题的能力。就连外语教学也有别于传统的高考内容和高职内容，主要以欧洲语言水平测试为基础，既重视社会应用语言，又重视工程实际应用语言，同时除英语外学生还可以选法语或德语，为将来借鉴和融合法国、德国部分应用型大学课程做好准备。

（三）实行学分制、选课制、教师挂牌制和评价等级制

贯通项目在人才培养过程中引入了量化的绩效评价制度和相对自由的选修课制度。在学分制方面，贯通项目用学分绩点衡量学习质量。建设互认式课程，实现对接高校。国外合作院校及企业间的学分互认，为贯通式培养和学生终身学习提供支撑。

在选课制方面，学生可以自主选择适合自己的课程或课程模块，选择适合自己的学习时段。全体教师实行挂牌制，即学生可以选择自己喜欢的任课教师，在专业教室、综合性实训基地、生产车间、校外实训基地等场所走班学习。在考核评价方面则引入了等级评价制，评价等级共分五级，分别为A（90分~100分）、B（80分~89分）、C（70分~79分）、D（60分~69分）、E（60分以下）五级，从而为贯通项目的顺利推进提供了支撑和保障。

（四）实施"多学期、分学段、错峰式"教学

借助名校名企优质教学资源，利用寒暑假及业余时间，错峰上课，为名校名师走校教学、学生跨校学习创造条件。

实施"多学期、分学段"灵活多样的教学组织形式。将学校的教学过程和企业的生产过程（淡旺季）紧密结合，灵活安排教学时间和企业实践时间，一个学期内根据需要可以设置多个学期或多个时段开展教学活动。打破高等

职业教育校园与企业之间的时空限制，为学生创建科学、充足的校企学习与实践机会。

（五）构建国际化的教师队伍

在贯通项目的推进过程中，不断加强高中基础教育阶段的教学团队建设。在每一段都积极引进外籍专家，同时选派优秀教师（包括基础课教师和专业教师）出国进修，聘请高精尖领域的企业大师和能工巧匠来校授课。积极开发双语"工学结合"课程及教材，设计国际化标准课程，大力营造国际化办学氛围。在学校的管理领域，不断提高项目的国际化管理水平。为全面提升学生的国际化程度提供坚实的保障。

（六）引入选拔竞争和淘汰机制

为了鼓励学生认真学习，提高学习效果，加大学生管理和约束力度，在每次转段环节增设竞争选拔和淘汰机制，根据学生的学习成绩和在校表现择优选派。学习成绩不合格、在校表现不佳者将被淘汰，终止其参加改革试验项目的资格，转入普通高职培养系列，淘汰率控制在15%左右。

（七）实行现代学徒制

学校与知名企业共同招生招徒，联合培养学生，体现"双主体、双身份、双教师、双教学、双监督、双认可、双证书"现代学徒制的教育教学特征，开展"双重身份，双元育人，交互训教"的工学交替教学。

（八）开展国外企业实习研修

采取"互派互访，输出输入，学分互换"的方式，派出学生到美国、德国、瑞士、日本等发达国家的大型企业、应用技术大学或培训机构，进行为期半年或一年的学习训练，每年接受一定数量的外国留学生和教师到学校进行短期或长期的交流学习和培训，逐步建立学生到国外企业学习机制，打通与国外企业、教育机构合作培养渠道。明确学习方式和实习内容，通过见习、跟岗、顶岗和轮岗等多种形式，实现国际化培养目标。

七、问题与反思

贯通培养项目已经实施近两年了。两年来，围绕本科层次高等职业教育人才培养模式的探索和改革做了大量的工作，但是也存在着不少需要完善的地方。概括起来，这些问题集中体现在如下方面。

（一）丰富大众化高等教育办学模式的成功范式

在高等教育大众化的宏观背景下，贯通项目的人才培养模式创新为丰富高等教育大众化阶段的多元化办学模式、提升高等职业教育水平提供了成功范式。从全国情况看，我国正处于从高等教育大众化阶段向普及化阶段迈进的关键时期，全国的高等教育毛入学率为42.7%。到2020年，全国高等教育毛入学率要接近普及化的门槛值——50%。而北京市已经进入了高等教育普及化阶段，2015年，北京市的高等教育毛入学率已经达到60%，即使按照《北京市"十三五"时期教育改革和发展规划（2016—2020年）》的发展目标，北京市到2020年的高等教育毛入学率也只要大于60%即可。因此，北京市在高等教育规模扩张上已经没有太大的压力，可以专注探索提升高等教育质量的路径和模式。而贯通项目正是这种探索的典型代表，可以为丰富高等教育大众化阶段的多元化办学模式、提升高等职业教育水平提供有价值的参考和借鉴。

（二）高职院校的传统观念和既有文化带来了实施风险

在国际化趋势日益显著的时代背景下，从国际化的人才培养目标出发，其实也是新时代人力资本理论细分要素的内在要求，贯通培养项目中有将近一半的学生将来会选择出国完成本科学业——外培项目。外培项目更应是向世界展示中国（北京市）的基础教育立德树人成果的一面旗帜。但是由于受制于我国高等职业院校的传统办学模式以及领导和老师的既有观念，外培项目的实施过程中面临着许多不可预测的风险和阻碍。只有从政府部门到高职院校，再到高中学校等各大主体都真正认识到国际化人才培养模式在本科层次高等职业教育发展中的作用，才能真正收到改革的预期成效。

（三）理论和实践的相互促进需要高水平的情境学习模式

按照情境学习理论的观点，最佳的学习模式应该是在要学习的知识、技能的应用情境中进行学习。因此，在高等职业院校的人才培养模式中，往往都会将实践实习纳入人才培养的必备环节。但是，要真正发挥情境学习的作用，使得培养出来的学生能够胜任北京市未来产业结构优化升级的需要，还必须注重两个非常关键的因素：一是学生用来学习和实习的情境必须是高水平的，如果用于学习的情境仍然是传统产业的一般岗位，肯定很难获得满足未来高技能岗位需求的知识和技能，只能是流于形式而已。二是理论和实践要达到相互促进的效果，必须让理论学习与实践实习有交互的机会。贯通培养项目的设计初衷是想按照理论学习—情境学习—理论学习的模式进行，但是在传统的高职院校中，仍然以理论学习—情境学习为主导模式，而贯通项目的实施模式也很难摆脱高职院校传统观念的影响和制约。

（四）贯通项目的课程体系开发需要多元化的专家主体

为了满足贯通项目的高技能人才培养需要，贯通项目的实施主体开发了大量的课程，例如，新的数学课程融合了高中阶段的理科数学和高技能人才所需的工科数学，新的物理、化学和生物等学科更加强化了理论知识的应用以及实践操作能力的培养，英语也有别于传统的高考内容和高职内容，主要以欧洲语言水平测试为基础，既重视社会应用语言，又重视工程实际应用语言，同时除了英语，学生还可以选法语或德语，为将来借鉴和融合法国、德国部分应用型大学课程做好准备。因此，为了使得这些新开发的课程能够满足高技能人才的学习需求，不仅需要当前阶段高中老师的参与，还需要高层次高职院校老师的参与，甚至还有必要引入相关产业门类的一线工程师和研究开发人员。这方面的工作目前尚有很大的提升空间，需要在后续的发展过程中不断完善。

(五) 贯通项目的基础学段主导权应该由高中负责

贯通项目采取的是分段培养模式。目前采取的培养模式为：前两年和中间三年的培养主导权都由高职院校负责。无论是从人力资本理论的内在要求看，还是从发达国家高技能人才培养的实践角度看，培养学生未来长远可持续发展所需的知识、能力和素养都至关重要。从我国高等职业教育的发展现状看，往往将既有职业岗位所需的知识和能力作为培养的重点，很难在通识性和基础性的知识、能力和素养的培养方面发挥应有的作用，尤其是专科型的高职院校更是如此。因此，在贯通项目前两年的高中基础教育学段，如果将办学主导权交给高中，可以更好地解决初高中衔接问题，更好地做好未成年学生综合素养的养成工作，引导学生更好地打牢学业基础，从而真正发挥高中学段的优势，弥补职业技术院校的不足，更好地实现贯通项目的人才培养目标。

第六章　贯通培养项目人才培养模式创新的实证研究

　　贯通培养项目的在读学生和家长是本文的重要研究对象，通过对学生和家长样本的实证研究，旨在探究学生和家长选择贯通培养项目的影响因素以及从需求侧探究贯通项目人才培养模式的需求特征，同时从需求侧研究北京市贯通培养项目采取的各类创新型人才培养模式需求特征的影响因素，为完善我国本科层次高等职业教育的人才培养模式提供参考和借鉴。

一、学生的教育和职业期望

（一）学生的未来学历期望

　　对于已经选择了贯通项目的学生而言，仍然存在着未来教育程度的期望以及职业期望问题。根据本研究的调查结果，样本对象中有一半以上学生的最高期望学历为大学本科，24.3%的学生最高期望学历为硕士毕业，18.4%的学生最高期望学历为博士毕业，只有较少数学生的最高期望为高中或大专毕业。也就是说，对于已经选择了贯通项目的学生而言，预期最高学历为本科者占据了一半以上，但是仍然有很大一部分比例的学生期望将来能够获得研究生学历（硕士占比为 24.33%，博士占比为 18.37%）。

表 6-1　样本对象期望接受的最高教育程度概况

学生期望接受的最高教育程度	人数	百分比
高中毕业	5	0.78%
大专毕业	18	2.83%
本科毕业	342	53.69%
硕士毕业	155	24.33%
博士毕业	117	18.37%
总计	637	100.00%

（二）学生的出国深造期望

在本研究的问卷中专门设计了样本对象关于出国留学对于实现自己人生理想的重要性的问题，发现有接近八成的学生对出国留学表示了不同程度的重视，其中 26.5% 的学生表示非常重要，29.5% 的学生表示比较重要，22.6%的学生表示重要；另有 19.3% 的学生认为不重要，仅有 2.0% 的学生认为出国留学非常不重要。

表 6-2　样本对象关于出国深造重要性的认识

学生对出国留学对于实现人生理想的重要性的认知	人数	百分比
非常重要	169	26.53%
比较重要	188	29.51%
重要	144	22.61%
不重要	123	19.31%
非常不重要	13	2.04%
总计	637	100.00%

为了探究样本学生出国后的求学计划，问卷中进一步询问了学生如果想出国则计划去国外攻读哪一个阶段的学位。调查结果如下图所示，有四成左右的学生选择了本科学位，其中，26.5%的样本学生则表示计划去国外攻读学术类本科阶段的学位，14.3%的样本学生表示计划攻读高职类本科；另外四成学生选择了硕士学位，其中，19.6%的样本学生表示计划攻读学术类硕士的学位，22.5%的样本学生表示计划去国外攻读专业硕士学位；仅有17.11%的学生选择了出国攻读博士学位，其中，5.02%的学生计划去国外攻读学术型博士学位，12.09%的学生计划去国外攻读专业博士。由此可见，在已经选择了贯通培养项目的学生中，出国攻读本科学位者以学术类本科专业为主，而硕士和博士阶段则都是以专业类学位为主。

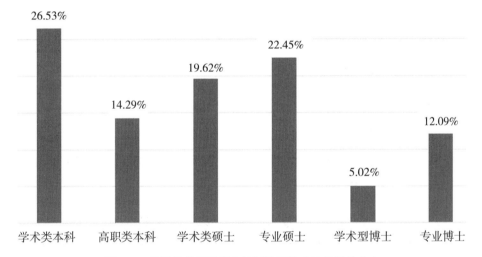

图6-1 贯通培养项目学生计划赴国外攻读的学位分布

随后，本研究继续问及样本对象计划出国留学的最主要原因，调查结果发现，接近九成的学生都选择了"培养国际视野"这一原因（89.48%），另有半数左右的学生选择了"国外教育质量更好"（53.06%）、"国外自然环境好"（50.39%）以及"不喜欢国内的应试教育"（47.41%）等。

表6-3　学生计划出国留学的主要原因分布

学生计划出国留学的主要原因	人数	比例
不喜欢国内的应试教育	302	47.41%
国外教育质量更好	338	53.06%
培养国际视野	570	89.48%
准备移民到国外	30	4.71%
国外自然环境好	321	50.39%
有亲戚朋友在国外定居	54	8.48%
国外的学历文凭比中国的有用	123	19.31%
很多同学和小伙伴都选择出国留学	123	19.31%
其他	50	7.85%

（三）样本学生的职业期望

为了研究学生对自己未来职业发展的了解程度，本研究设计了相关的问题。在调查结果中，非常了解自己未来职业发展的样本只占8.01%，有32.8%表示比较了解自己未来的职业发展，表示一般了解和不太了解的人数相当，分别占27.5%和28.0%。

表6-4　学生对自己未来职业发展的了解程度分布表

学生对自己未来的职业发展的了解程度	人数	百分比
非常了解	51	8.01%
比较了解	209	32.81%
了解	175	27.47%
不太了解	178	27.94%
很不了解	24	3.77%
总计	637	100.00%

在被问及是否对电子、机械、信息以及自动化等科技产业领域的高技能工作岗位感兴趣时，有七成以上的学生表示了不同程度的喜欢，其中有14.91%的学生表示非常喜欢，32.65%的学生表示比较喜欢，26.84%的学生表示喜欢；另外，也有21.82%的学生表示不太喜欢，仅有3.77%表示很不喜欢。

表 6-5　学生对高技能工作岗位的喜欢程度分布表

学生对高技能工作岗位的喜欢程度	人数	百分比
非常了解	95	14.91%
比较了解	208	32.65%
了解	171	26.84%
不太了解	139	21.82%
很不了解	24	3.77%
总计	637	100.00%

本研究又进一步询问了学生希望从事何种工作，得到的结果如下图所示。从中可以看到，有接近四成的学生希望成为某一领域的高技能人才，这一点较为符合贯通培养项目的培养目标；其次是创业型企业股东或合伙人和政府或事业单位岗位。

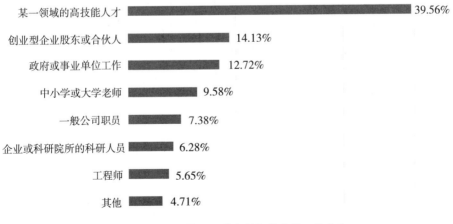

某一领域的高技能人才	39.56%
创业型企业股东或合伙人	14.13%
政府或事业单位工作	12.72%
中小学或大学老师	9.58%
一般公司职员	7.38%
企业或科研院所的科研人员	6.28%
工程师	5.65%
其他	4.71%

图 6-2　贯通培养项目学生希望从事的工作分布

二、学生的选择动机和课程的评价分析

本研究的样本对象中，一年级学生与二年级学生的比例大致相当，其中2016级334人，占比52.4%；2017级303人，占比47.6%。

在选择贯通项目的理由方面，44.4%的学生选择贯通项目的理由是"高技能人才很有发展前景"；21.7%的学生是出于"自己的职业兴趣"；19.9%的学生则是因为"不用参加高考，省得麻烦"。

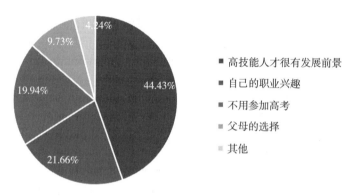

图6-3 贯通培养项目学生选择贯通项目动机分布

当被询问是否了解贯通培养项目的培养目标和将来的毕业去向时，非常了解的样本比例只有7.54%，另有38.6%的学生表示比较了解，表示不太了解的比例为25.4%，很不了解的样本比例只有2.51%。

表6-6 学生对培养目标和毕业去向的了解程度

学生对贯通培养项目的培养目标和将来的毕业去向的了解程度	人数	百分比
非常了解	48	7.54%
比较了解	246	38.62%
了解	165	25.90%
不太了解	162	25.43%
很不了解	16	2.51%
总计	637	100.00%

样本问卷询问了学生对已经参与过的以及希望学习的其他课程的重要程度评价，调查结果如下表所示。从该结果中可发现，大多数学生认为各项课程有较高的重要性，尤其是专业基础课（57.61%）、专业实习实训课（62.17%）和创新实践课（51.18%），这三门课程更是受到半数以上学生的极大重视。

表6-7　学生对已经参与过的以及希望学习的其他课程的重要程度评价

课程名称	非常重要	比较重要	重要	不重要	非常不重要	合计
文化基础课	44.43%	33.44%	17.27%	3.45%	1.41%	100.00%
艺术素养课	40.82%	33.75%	20.72%	4.24%	0.47%	100.00%
专业基础课	57.61%	28.41%	11.30%	2.04%	0.63%	100.00%
专业实习实训课	62.17%	25.27%	10.83%	1.26%	0.47%	100.00%
创新实践课	51.18%	32.34%	12.56%	3.30%	0.63%	100.00%

当被问及希望在贯通培养的七年学习过程中希望注重哪些方面的能力和素养时，有六成以上的学生表示希望注重培养专业技能、品德与人格、创造力，还需开发兴趣与潜能等，具体比重如下图所示。从图中可以发现，接受贯通培养项目的学生最注重的是兴趣和潜能开发，占75.04%；注重专业技能培养的也占73.31%；接下来是品德与人格培养，占67.82%；创造力培养也占62.32%。具体的学科知识，例如数理化水平只占46%。

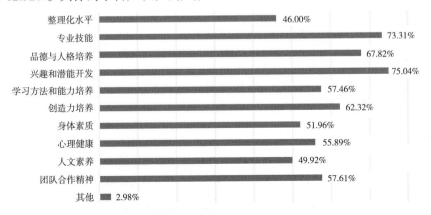

图6-4　贯通培养项目学生希望培养的能力和素养分布

此外，问卷中还询问了学生对一系列能力和素养对自己未来发展的重要性，研究结果如下表所示。从中可以发现，对于大部分能力或素养而言，都有半数以上的学生表示其对自己未来发展具有不同程度的重要性。尤其是自主学习能力、社会交往能力、问题解决能力、适应不同岗位的技术能力、全面分析能力、决策能力、自我管理能力等更是受到学生们的极大重视。值得注意的是，与其他能力相比，数学和科学能力获得学生较大重视的比例最低，仅有四成学生表示该能力非常重要。这也从另外一个角度证明，在我国本科层次高等职业教育的人才培养体系中，数学和科学能力并未获得足够的重视。

表6-8　学生对一系列能力和素养对自己未来发展的重要性评价

能力 / 素养	非常重要	比较重要	重要	不重要	非常不重要	合计
数学和科学能力	39.56%	33.91%	19.31%	6.28%	0.94%	100.00%
批判性思维	56.67%	28.73%	13.50%	0.63%	0.47%	100.00%
自主学习能力	65.46%	22.61%	10.68%	0.78%	0.47%	100.00%
钻研问题能力	58.24%	28.57%	11.62%	0.94%	0.63%	100.00%
中文听说读写能力	54.63%	29.83%	12.87%	2.20%	0.47%	100.00%
英语听说读写能力	50.71%	26.37%	16.95%	4.55%	1.41%	100.00%
社会交往能力	75.67%	15.23%	7.69%	0.78%	0.63%	100.00%
问题解决能力	75.67%	15.23%	7.69%	0.78%	0.63%	100.00%
适用不同岗位的技术能力	62.79%	25.12%	11.15%	0.63%	0.31%	100.00%
计算机应用能力	51.02%	32.03%	14.29%	2.20%	0.47%	100.00%
全面分析能力	65.15%	24.80%	9.11%	0.47%	0.47%	100.00%
决策能力	65.15%	23.08%	10.52%	0.94%	0.31%	100.00%
自我管理能力	71.27%	19.47%	8.79%	0.00%	0.47%	100.00%
适用某一岗位的特定技术能力	59.03%	28.41%	11.62%	0.47%	0.47%	100.00%
创新创业能力	59.97%	25.90%	12.24%	1.57%	0.31%	100.00%
职业发展和规划能力	59.18%	29.20%	10.68%	0.47%	0.47%	100.00%

在学校教育情况方面，问卷中还询问了学生对一系列教学模式重要性的认知，研究结果如下表所示。从该结果中可以发现，绝大部分调查对象都对下列教学模式表示了不同程度的重视。尤其是去研究型单位实践教学（51.18%）、小组合作理论学习（51.81%）、小组去生产型企业实践教学（51.18%）、小组去研究型单位实践教学（50.08%）四项模式，更是获得了半数以上学生的极大重视。

表 6-9　学生对一系列教学模式的重要性评价

教学模式	非常重要	比较重要	重要	不重要	非常不重要	合计
教师课堂理论教学	40.19%	39.72%	16.48%	2.35%	1.26%	100.00%
去生产型企业实践教学	49.92%	30.61%	16.33%	2.35%	0.78%	100.00%
去研究型单位实践教学	51.18%	31.87%	14.60%	1.73%	0.63%	100.00%
去国外高职院校学习	45.53%	26.69%	19.00%	7.69%	1.10%	100.00%
小组合作理论学习	51.81%	31.71%	13.81%	1.73%	0.94%	100.00%
小组去生产型企业实践教学	51.18%	31.08%	14.91%	2.51%	0.31%	100.00%
小组去研究型单位实践教学	50.08%	30.93%	16.64%	1.88%	0.47%	100.00%

课程名称	非常重要	比较重要	重要	不重要	非常不重要	合计
文化基础课	44.43%	33.44%	17.27%	3.45%	1.41%	100.00%
艺术素养课	40.82%	33.75%	20.72%	4.24%	0.47%	100.00%
专业基础课	57.61%	28.41%	11.30%	2.04%	0.63%	100.00%
专业实习实训课	62.17%	25.27%	10.83%	1.26%	0.47%	100.00%
创新实践课	51.18%	32.34%	12.56%	3.30%	0.63%	100.00%

对于目前就读的贯通培养项目，绝大部分学生都表达出满意的观点。其中，有43.6%的学生表示比较满意，13.9%的学生表示非常满意，30.62%的学生表示满意；表示对贯通培养项目"不太满意"以及"很不满意"的学生所

占比例较低，仅有一成。这从另一个角度证明了贯通培养项目的实施状况还是比较令学生满意的。

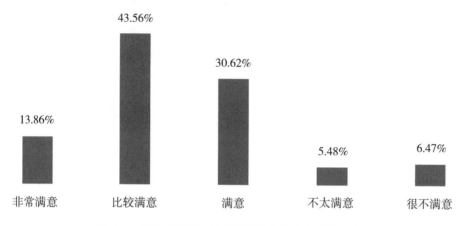

图6-5 学生对贯通培养项目的满意度分布（单位/人）

当被询问如果还有一次选择机会的话，受调查者是否还会选择贯通培养项目，有八成以上的学生表示还会选择，仅有两成的学生表示不会。由此可见，贯通培养项目作为一种高等教育大众化阶段的创新人才培养模式，已经获得了绝大部分学生的认可。

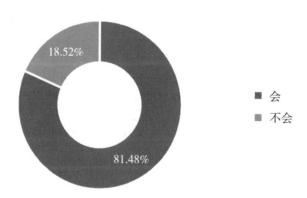

图6-6 学生是否还会选择贯通培养项目的比例分布

最后，问卷还询问了受调查者认为目前学校最需要强化的方面，得到的结果如下图所示。有接近四成学生认为学校需要进一步提升学生适应社会的能力（39.72%），其次是提升教学能力（37.05%）、强化基础知识（33.59%）和提高专业能力（31.87%）。另外也有一部分调查对象指出了学校在学生自我管理能力（30.77%）、创造力的提升（26.22%）、校园软硬件条件的完善（24.65%）等方面还需要进一步加强。这也从另外一个侧面证明，本科层次高等职业教育的课程体系中，社会适应能力和基础知识等方面仍然是学生的关注重点。

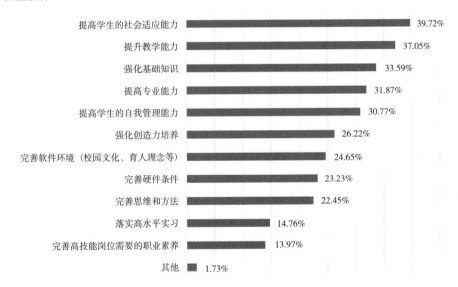

图6-7 贯通培养项目学生认为目前学校最需要强化的方面

三、学生对教学模式重要性评价的回归分析

学生对问卷中所涉及的一系列学校教学模式的重要性的评价（以下简称"教学模式重要性评价"）也采取了五分里克特（likert）量表。本研究首先对变量进行因子分析，以对原问卷中的七项教学模式变量进行分类降维处理，并计算出所有学生样本在教学模式重要性评价上的综合得分，从而进行进一步影响因素的回归分析。

（一）教学模式变量的因子分析

在因子分析前，本研究先对样本数据进行 KMO 以及 Bartlett 球体检验。从下表中可以看到 KMO 检验结果为 0.872，非常适合做因子分析。Bartlett 球体检验的 Sig.取值 0.000，说明各变量之间并非互相独立。

表 6-10　KMO 检验和 Bartlett 球体检验结果表

KMO 抽样适度测定值		0.872
Bartlet 检验	卡方值	2660.452
球体	结果	21
	显著性	0.000

进行因子分析后，得到了教学模式重要性评价的一个主成分，根据教学模式重要性评价指标解释的总方差发现该主成分的特征值为 4.299，方差贡献率分别为 61.414%，累积方差贡献率为 61.414%。因此提取出 1 个主成分因子，即学校的"教学模式因子"，下表为经过正交旋转后的因子载荷矩阵。

表 6-11　旋转成分矩阵

变量名称	主成分因子
	1
教师课堂理论教学	0.873
去生产型企业实践教学	0.869
去研究型单位实践教学	0.856
去国外高职院校学习	0.830
小组合作理论学习	0.771
小组去生产型企业实践教学	0.629
小组去研究型单位实践教学	0.608

注：提取方法：主成分分析法；旋转法：具有 Kaiser 标准化的正交旋转。

根据各个因子权重的计算公式 $Weight_i$= 第 i 个公因子的方差贡献率 / 总累积方差贡献率，计算出"教学模式因子"的权重为 1，由此可计算出学生对教学模式重要性的评价综合得分。

（二）学生对教学模式重要性评价的回归分析

为探究学生对教学模式重要性的评价受到哪些因素的影响，我们在得到学生对教学模式的重要性评价的主成分因子之后，将计算出的重要性评价的因子综合得分作为因变量，将学生的人口统计学特征、家庭经济社会背景、自我了解程度等作为自变量，建立多元线性回归模型：

$$Y=\beta_0+\beta_i X_i+\varepsilon_i$$

其中，Y 代表教学模式重要性评价综合因子得分，其值越大，则表示学生对教学模式的重要性评价越低，即认为教学模式越不重要。

对自变量和因变量进行多元线性回归，得到的结果如下表所示：

表 6-12　学生的教学模式重要性评价的影响因素分析

自变量	回归系数
男生	0.073 (0.082)
年龄	0.033 (0.036)
北京农业户口	0.060 (0.081)
外国籍	4.100 *** (1.082)
半年日常花费总额 1 万元以下	−0.084 (0.131)
半年日常花费总额 1 万元~2 万元	−0.056 (0.144)
父亲从事非管理技术职业	−0.025 (0.089)
母亲从事非管理技术职业	−0.121 (0.096)

续表

自变量	回归系数
最高教育期望为高中	0.167 (0.485)
最高教育期望为大专	0.845 *** (0.242)
最高教育期望为本科	0.201 * (0.104)
最高教育期望为硕士	0.072 (0.117)
父母的选择	0.028 (0.223)
自己的职业兴趣	−0.135 (0.204)
不用参加高考	−0.104 (0.205)
高技能人才很有发展前景	−0.353 * (0.195)
了解贯通项目目标及毕业去向	0.072 (0.102)
了解自己职业发展	−0.289 *** (0.100)
喜欢高技能岗位	−0.335 *** (0.096)
常数项	0.025 (0.624)
调整 R2	0.225
样本量	637

注：（1）*** $p<0.01$，** $p<0.05$，* $p<0.1$；（2）表中的数值为多元线性回归方程的回归系数；（3）括号中的数值为标准误差。

根据上面的多元线性回归结果，可初步得到以下结论：

（1）在户口因素方面，相比于北京非农户口的学生而言，外国籍的学生的教学模式重要性评价显著更低，这可从"外国籍"一项的回归系数显著为正看出。但是，由于外国籍学生的样本量有限，该结论并不能简单地推广到全体样本。

（2）对于那些认为高技能人才很有发展前景而选择了贯通项目的学生，回归系数为 –0.353（p<0.1），说明在其他条件相同的情况下，认为高技能人才发展前景较好的学生对教学模式的重要性评价显著更高。

（3）对于了解自己未来职业发展规划的学生，回归系数为 –0.289（p<0.01），说明在其他条件相同的情况下，了解自己未来职业发展规划的学生相比于不了解职业规划的学生而言，前者对学校教学模式的重要性评价显著较高。

（4）对于喜欢高技能岗位的学生，回归系数为 –0.335（p<0.01），说明在其他条件相同的情况下，喜欢高技能岗位的学生相比于不喜欢的学生而言，前者对学校教学模式的重要性评价显著较高。

（5）相比于期望自己能接受的最高学历为博士的学生，最高教育期望为大专和本科的学生对教学模式重要性的评价显著较低，这可从相关变量的回归系数均显著为正（p<0.1 或 p<0.001）看出。

四、学生样本实证研究的主要发现

综合北京市贯通培养项目的学生调查结果，可以获得如下主要研究发现。

（一）贯通项目获得了学生的广泛认可

从学生问卷的调查结果中发现，高达 80% 的学生表达了对贯通项目的认可。由此可见，作为一种高等教育大众化阶段的创新人才培养模式，已经获得了绝大部分学生的认可。这既是对贯通项目这一高等职业教育模式的认可，也是对贯通项目近两年来实施的人才培养模式的认可。

（二）通用基础知识和能力是学生的关注重点

本研究的调查结果发现，通用基础知识和能力是贯通项目学生的关注重点。其中最受学生关注的是适应社会能力、基础知识、自我管理能力和创造力。这也从另外一个侧面证明，本科层次高等职业教育的课程体系中，社会适应能力、基础知识、自我管理能力和创造力等能为学生的可持续发展提供支撑和保障的知识和能力仍然是学生的关注重点。

（三）贯通项目的选择意愿越强对能力素养的重要性评价越高

针对贯通项目学生的调查发现，那些认为高技能人才很有发展前景而选择了贯通项目的学生对高技能人才的未来前景更加看好，这些对未来发展前景更加看好的学生对相关能力素养的重要性评价也显著高于其他学生，同时对教学模式的重要性评价也显著高于其他学生。该研究结果或者说是贯通项目学生的心理预期与人力资本理论的核心内涵是相通的。也就是说，只有更加注重作为人力资本细分要素的相关能力和素养，更加注重教学模式对人力资本积累的促进作用，才能真正实现高技能人才良好的发展前景。

（四）期望学历与素养和教学模式重要性之间呈显著正相关

通过调查研究发现，相比于期望自己能接受的最高学历为博士的学生，最高教育期望为大专的学生对素养重要性的评价显著较低。此外，相对于期望自己能接受的最高学历为博士的学生，最高教育期望为大专和本科的学生对教学模式重要性的评价显著较低。也就是说，贯通项目学生的期望学历与素养重要性以及教学模式重要性之间呈显著的正相关。这与人力资本理论的内涵是高度吻合的。也就是说，作为人力资本测度的重要指标——学历，在提升学历的同时也伴随着能力、知识和素养的提升，而这种提升必须具备一定的教学模式的保障。这也从另外一个角度证明，要提升高等职业教育的办学层次，优化教学模式发挥着非常重要的作用。

（五）贯通项目基本满足了学生的自身发展需求

从本次调查的研究结果看，贯通项目基本满足了学生的自身发展需求。本研究发现，当学生了解贯通项目的培养目标、将来毕业去向以及自己未来的职业发展时，其对贯通培养项目的满意度更高。此外，学生对电子、机械、信息及自动化等科技产业领域的高技能工作岗位是否喜欢，也关乎其对贯通培养项目的满意度高低。相比于不喜欢高技能工作岗位的学生而言，"喜欢高技能岗位"的学生对贯通培养项目感到更满意。因此，贯通项目从设计到实施，基本上满足了学生的自身发展需求。

五、家长对子女的教育期望和职业选择

（一）家长对子女未来的学历期望

对于子女在贯通项目就读的家长，其对子女所期望的最高教育程度分布如下表所示。其中，有一半以上的家长对子女的最高学历期望为大学本科，25.0%的家长对子女的最高学历期望为硕士毕业，10.8%的家长对子女的最高学历期望为博士毕业，只有较少数家长对子女的最高期望为高中或大专毕业。

表6-13 家长期望子女接受的最高教育程度分布表

学生期望接受的最高教育程度	人数	百分比
高中毕业	5	0.83%
大专毕业	10	1.66%
本科毕业	372	61.69%
硕士毕业	151	25.04%
博士毕业	65	10.78%
总计	603	100.00%

（二）家长对子女出国深造的期望

本研究询问了调查对象其子女是否具有出国深造意愿，发现除了贯通项目已有的出国安排外（2016级），有41.1%的家长表示子女想出国留学，另有近60%（58.9%）的家长表示并不希望子女出国留学。

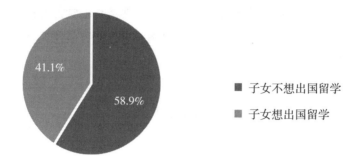

图 6-8 子女出国留学意愿分布

对于想出国留学的子女，本问卷又进一步询问了家长其子女计划出国留学的教育阶段。如下图所示，有七成左右家长的子女计划在本科阶段出国留学，约 20.0% 的家长子女则计划出国攻读硕士学位，10.5% 的家长子女计划在高中就出国留学。另有少数家长子女则计划在高中以上或是博士时再出国深造。

表 6-14 有出国意愿的子女计划出国留学的教育阶段分布

子女计划出国留学的教育阶段	人数	比例
高中以下	3	1.05%
高中	30	10.45%
大学本科	190	66.20%
硕士	55	19.16%
博士	9	3.14%
总计	287	100.00%

随后，当被问及子女计划出国留学的最主要原因时，本研究发现有半数以上的家长子女都选择了"培养国际视野"这一原因，另也有一定比例的子女选择了"国外教育质量更好""国外自然环境好""不喜欢国内的应试教育"等。这个结论与学生问卷的调查结论非常吻合。

表 6-15　子女计划出国留学的主要原因分布

子女计划出国留学的主要原因	人数	比例
不喜欢国内的应试教育	61	10.78%
国外教育质量更好	72	12.72%
培养国际视野	298	52.65%
准备移民到国外	1	0.18%
国外自然环境好	57	10.07%
有亲戚朋友在国外定居	6	1.06%
国外的学历文凭比中国的有用	24	4.24%
很多同学和小伙伴都选择出国留学	27	4.77%
其他	20	3.53%

（三）家长对子女的职业期望

在家长对子女的职业期望方面，本研究询问了家长希望子女从事的工作，调查结果如下图所示。从中可以发现，与子女对自身的职业期望类似，大部分家长希望子女能成为某一领域的高技能人才，这一点同样较为符合贯通培养项目的培养目标。另外也不乏希望子女在政府或事业单位等部门工作的家长，但占比较少。

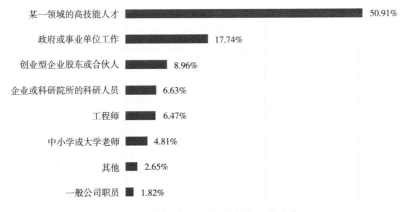

图 6-9　家长希望子女从事的工作分布

六、家长对贯通培养项目的教育教学评价分析

调查对象子女的初中学校类型分布较为集中，72.6%的子女初中就读学校类型为公办普通学校，24.5%的子女就读类型为公办示范／重点学校；初中就读于其他类型学校的子女占极少数。

表 6-16　子女初中学校类型分布

子女初中阶段读书的学校类型	计数	百分比
公办普通学校	438	72.64%
公办示范／重点学校	148	24.54%
民办普通学校	7	1.16%
民办双语／国际学校	6	1.00%
外籍人员子女学校	1	0.17%
外籍人员子女学校	3	0.50%
总计	603	100.00%

当家长被问及希望子女在贯通培养学习过程中注重哪些方面的能力和素质培养时，有接近九成的家长表示希望子女培养起专业技能、品德与人格，还需开发兴趣与潜能等，具体情况如下图所示。

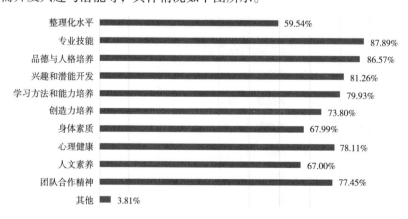

图 6-10　家长希望子女培养的能力和素养分布

本研究还询问了家长对子女的一系列能力和素养对子女未来发展的重要性的认知，得到的结果如下表所示。从中可以发现，对大部分能力或素养而言，都有半数以上的家长表示其对子女未来发展具有不同程度的重要性。尤其是自主学习能力（87.4%）、社会交往能力（84.08%）、问题解决能力（87.89%）、全面分析能力（79.77%）、自我管理能力（89.39%）等更是受到家长们的极大重视。值得注意的是，与其他能力相比，数学和科学能力获得家长较大重视的比例最低，仅有五成左右（53.73%）的家长表示该能力对子女发展非常重要。

表 6-17　家长对子女的一系列能力和素养的重要性评价

能力 / 素养	非常重要	比较重要	重要	不重要	非常不重要	合计
数学和科学能力	53.73%	33.17%	12.11%	1.00%	0.00%	100.00%
批判性思维	60.86%	22.89%	13.10%	2.99%	0.17%	100.00%
自主学习能力	87.40%	9.45%	3.15%	0.00%	0.00%	100.00%
钻研问题能力	66.17%	24.54%	9.12%	0.17%	0.00%	100.00%
中文听说读写能力	77.78%	15.75%	5.97%	0.17%	0.33%	100.00%
英语听说读写能力	65.34%	24.71%	9.45%	0.50%	0.00%	100.00%
社会交往能力	84.08%	12.27%	3.65%	0.00%	0.00%	100.00%
问题解决能力	87.89%	8.96%	3.15%	0.00%	0.00%	100.00%
适用不同岗位的技术能力	71.31%	19.73%	8.62%	0.17%	0.17%	100.00%
计算机应用能力	64.68%	26.70%	8.29%	0.17%	0.17%	100.00%
全面分析能力	79.77%	15.59%	4.48%	0.17%	0.00%	100.00%
决策能力	73.30%	18.74%	7.63%	0.33%	0.00%	100.00%
自我管理能力	89.39%	7.63%	2.65%	0.17%	0.17%	100.00%
适用某一岗位的特定技术能力	67.83%	23.22%	8.13%	0.83%	0.00%	100.00%
创新创业能力	67.00%	22.55%	9.62%	0.83%	0.00%	100.00%
职业发展和规划能力	72.64%	19.90%	6.97%	0.50%	0.00%	100.00%

在学校教育的人才培养途径方面，本研究还询问了家长对一系列教学模式的重要性认知，研究结果如下表所示。从中可以看出，绝大部分调查对象都对下列教学模式表示了不同程度的重视。尤其是教师课堂理论教学的模式更是获得了七成以上（71.48%）家长的极大重视，然而这一模式对于学生而言却没有那么重要。

表 6-18　家长对一系列教学模式的重要性评价

教学模式	非常重要	比较重要	重要	不重要	非常不重要	合计
老师课堂理论教学	71.48%	22.22%	6.14%	0.17%	0.00%	100.00%
去生产型企业实践教学	58.87%	30.02%	9.78%	1.33%	0.00%	100.00%
去研究型单位实践教学	58.87%	30.02%	9.78%	1.33%	0.00%	100.00%
去国外高职院校学习	38.81%	30.35%	19.73%	10.95%	0.17%	100.00%
小组合作理论学习	59.87%	29.52%	9.78%	0.66%	0.17%	100.00%
小组去生产型企业实践教学	53.23%	34.00%	11.94%	0.83%	0.00%	100.00%
小组去研究型单位实践教学	56.72%	29.35%	11.61%	2.32%	0.00%	100.00%

对于子女目前就读的贯通培养项目，绝大部分家长表示了不同程度的满意度，其中有接近50%的家长表示比较满意，36%左右的家长表示非常满意，11%的家长表示满意；表示对项目不满意的家长所占比例极低。总体而言，家长群体对项目的满意度高于学生的满意度。

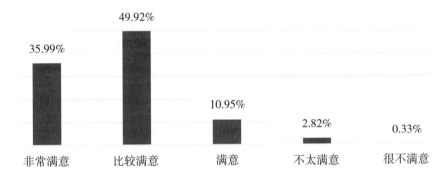

图6-11 家长对子女就读贯通培养项目的满意度分布（单位/人）

当被询问如果还有一次选择机会的话受调查者是否还会为子女选择贯通培养项目，有八成以上接近九成（87.56%）的家长表示还会选择，这一比例高于学生群体中的比例。另外，仅有一成左右（12.44%）的家长表示不会再选择贯通培养项目。

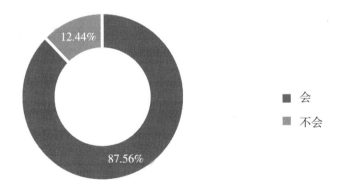

图6-12 家长是否还会为子女选择贯通培养项目的比例分布

　　此外，本研究还询问了受调查者认为的目前学校最需要强化的方面，研究结果如下图所示。与学生群体的结果有较大区别的是，有八成以上（82.92%）的家长认为学校需要进一步提升子女的学习能力，其次是提升子女的社会适应能力（68.66%）、专业能力（64.84%）等，而学校需要完善校园软硬件条件则仅引起三成以下（23.55%）的家长关注。

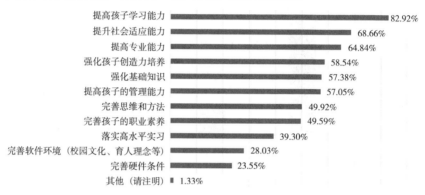

图6-12　学生认为目前学校最需要强化的方面

七、家长对子女素养重要性评价的回归分析

　　在问卷中，家长对一系列相关能力／素养对于子女未来发展的重要性的评价（以下简称"素养重要性评价"）采取了五分里克特（likert）量表。本部分首先对这些变量进行因子分析，以对原问卷中的16项素养变量进行分类降维处理，并计算出所有家长样本在素养重要性评价上的综合得分，从而进行进一步影响因素的回归分析。

（一）子女素养变量的因子分析

　　在因子分析前，我们先对样本数据进行KMO以及Bartlett球体检验。一般情况下，KMO越接近1，表示越适合对变量做因子分析；Bartlett球体检验用于检验相关系数矩阵是否为单位阵，如果结论不拒绝该假设，则表示各变量之间是各自独立的。从下表中可以看到KMO检验结果为0.926，非常适合做因子分析。Bartlett球体检验的Sig.取值0.000，说明各变量之间并非互相独立。

表 6-19　KMO 检验和 Bartlett 球体检验结果表

KMO 抽样适度测定值		0.926
Bartlet 检验	卡方值	4281.384
球体	结果	120
	显著性	0.000

进行因子分析后，得到素养重要性评价的两个主成分，根据素养重要性评价指标解释的总方差发现，第一、第二主成分的特征值分别为 7.096、1.243，方差贡献率分别为 44.351%、7.771%，两个主成分的累积方差贡献率为 52.122%。因此我们提取出 2 个主成分因子。

下表是经过正交旋转后的因子载荷矩阵，从中可看出第一主成分主要由数学和科学能力、创新创业能力、英语听说读写能力、钻研问题能力、职业发展和规划能力、决策能力、计算机应用能力、批判性思维、适用不同岗位的技术能力和适用某一岗位的特定技术能力 10 个变量组成，构成主成分F1。第二主成分主要由问题解决能力、社会交往能力、自主学习能力、自我管理能力、全面分析能力、中文听说读写能力 6 个变量组成，构成主成分F2。

表 6-20　旋转成分矩阵

变量名称	主成分因子	
	1	2
数学和科学能力	0.744	0.012
创新创业能力	0.689	0.341
英语听说读写能力	0.662	0.189
钻研问题能力	0.638	0.311
职业发展和规划能力	0.628	0.421
决策能力	0.612	0.433
计算机应用能力	0.611	0.327
批判性思维	0.603	0.128
适用不同岗位的技术能力	0.594	0.364
适用某一岗位的特定技术能力	0.571	0.361

续表

变量名称	主成分因子	
	1	2
问题解决能力	0.093	0.825
社会交往能力	0.196	0.758
自主学习能力	0.283	0.644
自我管理能力	0.261	0.623
全面分析能力	0.495	0.57
中文听说读写能力	0.458	0.497

注：提取方法：主成分分析法；旋转法（具有 Kaiser 标准化的正交旋转）。

根据各个因子权重的计算公式〖Weight〗_i= 第 i 个公因子的方差贡献率／总累积方差贡献率，计算出 F1 和 F2 的权重分别为 0.851 和 0.149，由此对两个公因子进行加权平均加总，可计算出家长对素养重要性的评价综合得分。

（二）家长对子女素养重要性评价的影响因素的回归分析

为探究家长对子女素养重要性的评价受到哪些因素的影响，本部分将在得到家长对素养的重要性评价的主成分因子之后，将计算出的重要性评价的因子综合得分作为因变量，将家长的人口统计学特征、家庭经济社会背景、子女情况等作为自变量[1]，建立多元线性回归模型：

$$Y = \beta_0 + \beta_i X_i + \varepsilon_i$$

其中，Y 代表素养重要性评价综合因子得分，分值越大，则表示家长对能力素养的重要性评价越低，即认为相关的能力素养对于子女未来的发展越不重要。

对自变量和因变量进行多元线性回归，得到的回归结果如下表所示。

---

[1] 具体变量取值请参考家长对贯通项目的满意度的影响因素的回归分析部分。

表 6–21　家长对子女素养重要性评价的影响因素分析

自变量	回归系数
男性	0.098 (0.081)
年龄	0.005 (0.010)
家长为北京农业户口	0.131 (0.159)
家长为外地农业户口	−0.078 (0.257)
家长为外地非农户口	0.128 (0.237)
家长为外国籍	0.273 (0.869)
家长初中及以下学历	0.080 (0.146)
家长高中或中专学历	0.006 (0.116)
家长专科学历	0.001 (0.109)
家长从事非管理技术职业	0.059 (0.089)
家庭年支出 5 万元以下	−0.350 *** (0.121)
家庭年支出 5 万 ~10 万元	−0.252 ** (0.103)
子女为男孩	−0.056 (0.081)
子女为北京农业户口	−0.170 (0.152)
子女为外地非农户口	2.226 ** (0.865)
子女外国籍	−0.529 (0.628)
子女初中为公办普通学校	0.015 (0.216)
子女初中为公办示范／重点学校	−0.040 (0.224)
常数项	−0.017 (0.506)
调整 R2	0.038
样本量	603

注：(1) ★★★ p＜0.01，★★ p＜0.05，★ p＜0.1；(2) 表中的数值为多元线性回归方程的回归系数；(3) 括号中的数值为标准误差。

根据上面的多元线性回归结果，可以初步得到如下结论：

家庭年支出对于家长对子女素养的重要性评价具有显著影响，表现在家庭年总支出为 10 万元以下的家长相比于 10 万元以上的家长而言，前者认为子女的能力素养对子女未来发展的重要性越高，这可从"家庭年支出 5 万元以下""家庭年支出 5 万元 ~10 万元"的回归系数显著为负看出（p<0.01 或 p<0.05）。由于家庭年支出可以看作是家庭经济水平的替代指标，因此，家庭经济状况越好的家长，能力素养对子女未来发展重要性的评价相对越低。

八、家长对教学模式重要性评价的回归分析

在调查问卷中，家长对一系列涉及学校教学模式的重要性的评价（以下简称"教学模式重要性评价"）采取了五分 likert 变量。本部分首先对变量进行因子分析，以对原问卷中的 7 项教学模式变量进行分类降维处理，并计算出所有家长样本在教学模式重要性评价上的综合得分，从而进行进一步影响因素的回归分析。

（一）教学模式变量的因子分析

在因子分析前，先对样本数据进行 KMO 以及 Bartlett 球体检验。从下表中可以看出，KMO 检验结果为 0.835，非常适合做因子分析。Bartlett 球体检验的 Sig. 取值 0.000，说明各变量之间并非互相独立。

表 6–22　KMO 检验和 Bartlet 球体检验结果表

KMO 抽样适度测定值		0.835
Bartlet 检验	卡方值	2222.279
球体	结果	21
	显著性	0.000

进行因子分析后，得到了教学模式重要性评价的一个主成分，根据教学模式重要性评价指标解释的总方差发现该主成分的特征值为 4.010，方差贡献

率分别为 57.289%，累积方差贡献率为 57.289%。因此我们提取出 1 个主成分因子，即学校的"教学模式因子"，下表为经过正交旋转后的因子载荷矩阵。

表 6-23 旋转成分矩阵

变量名称	主成分因子
	1
小组去研究型单位实践教学	0.872
小组去生产型企业实践教学	0.868
去研究型单位实践教学	0.826
去生产型企业实践教学	0.783
小组合作理论学习	0.777
去国外高职院校学习	0.549
老师课堂理论教学	0.545

注：提取方法：主成分分析法；旋转法：具有 Kaiser 标准化的正交旋转。

根据各个因子权重的计算公式 $Weight_i = $ 第 i 个公因子的方差贡献率 / 总累积方差贡献率，计算出"教学模式因子"的权重为 1，由此可计算出家长对教学模式重要性的评价综合得分。

（二）家长对教学模式重要性评价的回归分析

为了探究家长对教学模式重要性的评价受到哪些因素的影响，在得到家长对教学模式的重要性评价的主成分因子之后，将计算出的重要性评价的因子综合得分作为因变量，将家长的人口统计学特征、家庭经济社会背景、子女情况等作为自变量，建立多元线性回归模型：

$$Y = \beta_0 + \beta_i X_i + \varepsilon_i$$

其中，Y 代表教学模式重要性评价综合因子得分，分值越大，则表示家长对教学模式的重要性评价越低，即认为教学模式越不重要。

对自变量和因变量进行多元线性回归，得到的回归结果如下表所示：

表 6-24　家长对教学模式重要性评价的影响因素分析

自变量	回归系数
男性	−0.108 (0.094)
年龄	0.018 (0.012)
家长为北京农业户口	0.268 (0.184)
家长为外地农业户口	0.125 (0.298)
家长为外地非农户口	0.048 (0.274)
家长为外国籍	0.790 (1.007)
家长初中及以下学历	0.297 * (0.169)
家长高中或中专学历	0.078 (0.134)
家长专科学历	0.006 (0.127)
家长从事非管理技术职业	0.174 (0.103)
家庭年支出 5 万元以下	−0.400 *** (0.140)
家庭年支出 5 万 ~10 万元	−0.127 (0.120)
子女为男孩	0.029 (0.094)
子女为北京农业户口	−0.138 (0.177)
子女为外地非农户口	0.987 (1.003)
子女外国籍	−0.367 (0.728)
子女初中为公办普通学校	−0.027 (0.250)
子女初中为公办示范 / 重点学校	−0.010 (0.260)
常数项	−0.803 (0.586)
调整 R2	0.042
样本量	603

注：（1）***p ＜0.01，**p ＜0.05，*p ＜0.1；（2）表中的数值为多元线性回归方程的回归系数；（3）括号中的数值为标准误差。

根据上述多元线性回归结果，可得到以下结论。

（1）家庭年支出对于家长对教学模式的重要性评价具有显著影响，表现在家庭年总支出为 5 万元以下的家长相比于 10 万元以上的家长而言，前者认为学校的良好教学模式的重要性越高，这可从"家庭年支出 5 万元以下"的回归系数为 –0.400 看出（$p<0.05$）。由此可见，家庭经济状况对教学模式重要性的评价有着显著性的影响，换句话说，家庭经济状况越好，越有可能通过其他渠道促进孩子的职业发展，对学校教学模式的依赖度越低。

（2）相比于学历为大学及以上的家长而言，学历为初中及以下的家长对良好教学模式重要性的评价显著更低，这可从相关变量的回归系数显著为正看出（$p<0.1$）。之所以出现这种情况，很可能的原因是家长的学历越高，越能意识到良好教学模式对于孩子将来职业发展的影响，从而对良好教学模式重要性的评价也越高。

九、家长对子女目前就读的贯通培养项目满意度的影响因素分析

在调查问卷中，分析家长对子女目前所就读的贯通培养项目的满意度的影响因素时，仍然将满意度这五分变量视为连续变量，作为因变量，其数值越大，表示家长的满意度越低。自变量为：（1）包括家长性别和年龄在内的人口统计学特征；（2）包括家长户口状况、家长学历、家长职业类型和2016 年家庭总支出在内的个人及家庭经济社会背景；（3）包括子女性别、子女户口类型和初中学校所属类型在内的子女情况。具体变量取值说明如下表所示。

表 6-25 家长对贯通培养项目的满意度的影响因素分析——变量说明

因素	具体变量	取值说明
是否选择贯通培养项目	如果还有一次选择机会的话,是否还会选择贯通培养项目	是(记为 1) 否(记为 0)
人口统计学特征	家长①性别	女(对照组)和男
	年龄	家长年龄
个人及家庭经济社会背景	家长户口类型	北京非农户口(对照组),北京农业户口,外地农业户口,外地非农户口,港澳台籍,外国籍
	家长学历	大学本科及以上(对照组),初中及以下,高中或中专,专科
	家长职业类型	管理技术职业(对照组)和非管理技术职业
	2016 年家庭年总收入	20 万元以上(对照组),10 万元以下,10 万 ~20 万元
子女情况	子女性别	女(对照组)和男
	子女户口类型	北京非农户口(对照组),北京农业户口,外地农业户口,外地非农户口,港澳台籍,外国籍
	子女初中学校所属类型	其他学校(对照组,包括民办普通学校等),公办普通学校,公办示范/重点学校

根据上述变量集构建多元线性回归模型:

$$Y = \beta_0 + \beta_i X_i + \varepsilon_i$$

对自变量和因变量进行多元线性回归,得到的回归结果如下表所示。

---

① 本表中的家长一律指家长问卷的填答者。

表 6–26　家长对贯通培养项目的满意度的影响因素分析——回归系数

自变量	回归系数
男性	0.315 (0.310)
年龄	0.019 (0.039)
家长为北京农业户口	0.152 (0.642)
家长为外地农业户口	−0.252 (0.834)
家长为外地非农户口	−0.699 (0.631)
家长为外国籍	19.680 (401.928)
家长初中及以下学历	0.835 (0.660)
家长高中或中专学历	0.120 (0.405)
家长专科学历	−0.199 (0.342)
家长从事非管理技术职业	0.315 (0.300)
家庭年收入 10 万元以下	0.727 * (0.406)
家庭年收入 10 万元 ~20 万元	0.267 (0.340)
子女为男孩	−0.210 (0.308)
子女为北京农业户口	0.262 (0.618)
子女为外地非农户口	18.281 (401.927)
子女外国籍	18.974 (271.830)
子女初中为公办普通学校	0.842 (0.631)
子女初中为公办示范 / 重点学校	0.566 (0.651)
常数项	−0.309 (1.863)

续表

自变量	回归系数
对数似然值	−219.368
R2	0.243
样本量	603

注：（1）＊＊＊ p＜0.01，＊＊ p＜0.05，＊ p＜0.1；（2）表中的数值为多元线性回归方程的回归系数；（3）括号中的数值为标准误差。

根据上面的多元线性回归结果，可初步得出以下结论：家庭年总支出是唯一一个会影响家长对子女目前所就读的贯通培养项目的满意度的显著性因素。从上表中可以看到，"家庭年支出 5 万元以下"这一项的回归系数为−0.349，Sig.<0.05，说明在其他条件相同的情况下，家庭年支出为 5 万元以下的家长与家庭年支出 10 万元以上的家长相比，前者对贯通培养项目的满意度更高。因为家庭经济状况越好的家庭，他们对孩子未来职业发展的期望值越高，因而对贯通培养项目的要求也越高。

十、家长样本实证研究的主要发现

综合贯通培养项目学生家长的实证研究结果，可以获得如下研究发现。

（一）高技能人才是高职学生家长的首要需求

从本次家长问卷的调查结果发现，大部分家长都希望自己的子女能成为某一领域的高技能人才，该结论一方面比较符合贯通培养项目的培养目标，另一方面也反映了高等职业教育的需求侧对于高层次技能型人才的需求特征。在中国传统的文化观念中，政府和事业单位往往是就业的首选。本次调查中也不乏希望子女在政府或事业单位等部门工作的家长，但所占比例较少。由此可见，在高等教育从大众化迈向普及化的过程中，为了满足人民群众对高水平高等职业教育的需求，满足人民群众对美好生活的愿望，客观上需要不断提升我国高等职业教育的办学水平和人才培养质量。

（二）国际化成为学生积累人力资本的重要渠道

在本次家长调查中，专门问到了计划出国留学的最主要原因，结果发现，有半数以上的家长和子女都选择了"培养国际视野"，该结论进一步证明了贯通项目中采用中外联合培养模式的正确性。尤其是在北京市，未来重点发展的产业门类包括云计算、大数据、虚拟现实、人工智能和智能制造等，这些新兴的高技术产业更加需要学习发达国家的先进技术和成熟经验，从而也对学生提出了相应的要求。从某种意义上说，作为以培养高技能人才为核心目标的贯通项目，国际化甚至成了学生积累人力资本的重要渠道。

（三）家长更加重视通用的人力资本细分要素

当家长被问到希望子女在贯通培养学习过程中注重哪些方面的能力和素质培养时，有接近九成的家长表示希望子女培养起专业技能、品德与人格，还需开发兴趣与潜能等。此外，本研究还询问了家长对子女的一系列能力和素养对子女未来发展的重要性的认知，结果发现，包括自主学习能力、社会交往能力、问题解决能力、全面分析能力和自我管理能力等通用的人力资本细分要素受到了家长们的极大重视。但是，本研究也发现了一个令人忧虑的现象，与其他能力相比，数学和科学能力获得家长较大重视的比例最低。应该说，数学和科学能力是高技能人才长远和可持续发展的基础和保障。与美国日益重视 STEAM 教育相比，在发展我国本科层次高等职业教育的过程中，仍然需要不断强化数学和科学能力的培养。

（四）教学模式重要性获得了高学历家长的广泛认可

本次家长调查结果发现，相比于学历为大学及以上的家长而言，学历为初中及以下的家长对良好教学模式重要性的评价显著更低，而更高层次学历的家长对良好教学模式重要性的评价显著更高。因为家长的学历越高，越能意识到良好教学模式对于孩子人力资本积累的重要作用以及对将来职业发展的影响，从而对良好教学模式重要性的评价也越高。该结论也验证了贯通项目不断优化教学模式的重要性。

第七章　主要研究结论与政策建议

　　为了推动产业技术升级和区域经济社会转型发展，迫切需要大量高层次技术型人才，以推动高新技术企业的发展。高层次的技术型人才又迫切需要完善的高等职业教育体系，尤其是本科及其以上层次的高等职业教育。按照《中国制造 2015》的规划目标，我国到中华人民共和国成立一百年时（2049年），综合实力要进入世界制造强国前列。此外，以云计算、大数据、虚拟现实、人工智能、智能制造等为代表的新兴产业将对高技能人才提出新的需求。此外，在建设"创新型国家"的过程中，除了要依靠大量的科学家，还得依靠大量的工程师和高技能工人。在以前沿基础科学研究和国家重大战略需求为导向的美国联邦实验室，都有大量的工程师和技术人员，这也是我国新时代倡导"工匠精神"、培养"大国工匠"的社会背景。深圳职业技术学院于2018 年年初和 1981 年诺贝尔化学奖得主罗德·霍夫曼领军的团队签约，共同组建了霍夫曼先进材料研究院，开启了我国职业技术学院与顶尖科学家团队合作的先河。在新的时代背景下，只有不断创新我国的本科层次高等职业教育人才培养模式，才能对我国新兴产业的发展提供强大的人才支撑。在结合理论研究、国际比较以及实证研究的基础上，本文获得了如下研究发现，同时针对如何创新我国的本科层次高等职业教育的人才培养模式提出了如下政策建议。

一、主要研究结论

通过理论探讨、国际比较以及实证研究，本文的主要研究结论如下。

（一）高职人才培养需构建完善的知识能力和素养体系

无论是人力资本理论，还是发达国家的高等职业教育成功实践，都说明高等职业教育的人才培养需要构建完善的知识能力和素养体系。从通用基础知识和能力（包括数学能力、语言能力、学习能力和研究能力等）到共性职业知识和能力（包括社会交往能力、问题解决能力、创新创业能力等），再到特定职业知识和技能（包括特定职业所需的相关知识和技能等），都应该在高等职业教育的人才培养体系中得到充分体现。当然，从其他角度也可以有不同的分类方法，例如美国提出的三项基本素质和五大能力说，英国制定的六项核心技能，德国提出来的"三大关键能力"等。无论如何分类，都证实了高等职业教育的人才培养工作首先要根据院校的办学目标以及区域经济社会的发展需求，构建完善的知识能力和素养体系。

（二）科技和产业进步推动职业教育向本科和研究生层次跃升

世界职业教育的办学层次经历了从初等教育到中等教育，再到高等专科教育和高等本科教育，后来到研究生层次职业教育的发展历程。而每一个发展阶段的跃升周期正在不断缩短。例如，从全球的职业教育发展历程看，从初等教育到中等教育历经了数百年，而从中等层次到高等专科层次经历了百余年，从高等专科层次到本科层次仅仅花了几十年，从本科层次到硕士、博士层次只花了几年时间。支撑这种加速跃升的因素就是科学技术的不断进步以及随之而来的产业结构优化升级。无论是美国，还是德国和日本，本科层次高等职业教育的出现和发展都得益于科学技术的迅速发展以及产业的升级换代。在我国从制造大国向制造强国和高端智能制造强国发展的过程中，势必对本科型甚至研究生型的高等职业教育提出现实的需求。

（三）高等职业教育的发展模式应该多元化

无论是高等教育大众化的发展需求，还是人力资本理论与经济社会发展的需求匹配，或者是发达国家成功的高等职业教育实践，都证明了要构建完善的高等职业教育体系，必须鼓励多元化的高等职业教育模式。这种多元化既包括高等职业教育层次的多元化（例如专科、本科和研究生等），也包括高等职业教育类型的多元化（例如政府举办的高职院校、大学衍生的高职院校以及产业组织举办的高职院校等），还包括本科高等职业教育升级路径的多元化（例如专科高职升格为本科、直接设立本科高职院校、学术型本科院校转型为本科高职院校、研究型大学衍生出来的本科高职院校等）。只有多元化的高等职业教育模式，才能满足多元化的市场主体对高技能人才的需求。

（四）高职教育的人才培养模式应该多元化

从理论层面看，无论是人力资本理论，还是能力本位理论和情境学习理论，或者是新职业教育主义的观点，都充分证明，要培养出适应当前和未来社会所需的高技能人才，必须采取课堂讲授、企业实习实训、研究型学习等多元化的高职教育人才培养模式。此外，从发达国家的成功实践看，多元化的高等职业教育人才培养模式是培养高技能人才的重要经验。尤其是在本科层次高等职业教育阶段，必须将必备的理论基础和优秀的实践操作能力作为考核的目标。

（五）贯通项目成为大众化高等教育的成功探索

在高等教育大众化的宏观背景下，贯通项目的人才培养模式创新为丰富高等教育大众化阶段的多元化办学模式、提升高等职业教育水平提供了成功范式。从全国情况看，我国正处于从高等教育大众化阶段向普及化阶段迈进的关键时期，全国的高等教育毛入学率为42.7%。到2020年，全国高等教育毛入学率要接近普及化的门槛值：50%。而北京市已经进入高等教育普及化阶段，2015年，北京市的高等教育毛入学率已经达到了60%，按照《北京市

"十三五"时期教育改革和发展规划（2016—2020 年)》的发展目标，北京市到"十三五"末期的高等教育毛入学率也只要大于 60%即可。因此，北京市在整个"十三五"期间的发展重心都将是提升高等教育质量以及优化高等教育结构，也就是可以将更多的精力放在探索提升高等教育质量、优化高等教育结构的路径、模式和相关政策举措上。而贯通培养项目正是这种探索的典型代表，可以为丰富高等教育大众化阶段的多元化办学模式、提升高等职业教育水平提供有价值的参考和借鉴。

（六）理论和实践的相互促进需要高水平的情境学习模式

按照情境学习理论的观点，最佳的学习模式应该是在要学习的知识、技能的应用情境中进行学习。因此，在高等职业院校的人才培养模式中，往往都会将实践实习纳入人才培养的必备环节。但是，要真正发挥情境学习的效果，使得培养出来的学生能够满足北京市未来产业结构优化升级的需要，还必须注重两个非常关键的因素：一是学生用来学习和实习的情境必须是高水平的，如果用于学习的情境仍然是传统产业的一般岗位，肯定很难获得满足未来高技能岗位需求的知识和技能，只能流于形式；二是理论和实践要达到相互促进的效果，必须让理论学习与实践实习有交互的机会。贯通培养项目的设计初衷是想按照理论学习—情境学习—理论学习的模式进行，但是在传统的高职院校中，仍然以理论学习—情境学习为主导模式，而贯通项目的实施模式也很难摆脱高职院校传统观念的影响和制约。

（七）国际化成为学生积累人力资本的重要渠道

在本次家长调查中，专门问到了计划出国留学的最主要原因，结果发现，有半数以上的家长和子女都选择了"培养国际视野"这一原因。该结论进一步证明了贯通项目中采用了中外联合培养模式的正确性。尤其是在北京市，未来重点发展的产业门类包括云计算、大数据、虚拟现实、人工智能和智能制造等，这些新兴的高技术产业更加需要学习发达国家的先进技术和成熟经验，从而也对学生提出了相应的要求。从某种意义上说，作为以培养高技能人才为核心目标的贯通项目，国际化甚至成了学生积累人力资本的重要渠道。

（八）贯通项目的课程体系开发需要多元化的专家主体

为了满足贯通项目的高技能人才培养需要，贯通项目的实施主体开发了大量的课程，例如，新的数学课程融合了高中阶段的理科数学和高技能人才所需的工科数学，新的物理、化学和生物等学科更加强化了理论知识的应用以及实践操作能力的培养，英语也有别于传统的高考内容和高职内容，主要以欧洲语言水平测试为基础，既重视社会应用语言，又重视工程实际应用语言，同时除了英语，学生还可以选法语或德语，为将来融合和借鉴法国、德国部分应用型大学课程做好准备。因此，为了使得这些新开发的课程能够满足高技能人才的学习需求，不仅需要当前阶段高中老师的参与，还需要高层次高职院校老师的参与，甚至还有必要引入相关产业门类的一线工程师和研究开发人员。这方面的工作目前尚有很大的提升空间，需要在后续的发展过程中不断完善。

（九）多元化选择是高等职业教育供给侧改革的重要内容

北京市的贯通培养项目之所以能够受到学生和家长的广泛认可，与该项目设计之初确定的多元化选择路径密切相关。例如，到了第三年学业合格者，可获得高中毕业证书，既可以在贯通项目中继续学习，也可以选择参加普通高考。在第五年的专业学习中，学生可根据自己的学业成绩选择去法国、德国或者留在国内贯通项目完成学士学位。获得学士学位后学生可以自由选择是否继续深造。由此可见，北京市的贯通培养项目在每一个环节都为学生设计了不同的选择可能，这也是从供给侧推动我国高等职业教育改革与创新的重要内容。

（十）通用基础知识和能力是高职需求主体的关注重点

本研究的调查结果发现，无论是学生，还是家长，通用基础知识和能力都是贯通项目需求主体的关注重点。其中最受学生关注的是适应社会能力、基础知识、自我管理能力和创造力。这也从另一个侧面证明，本科层次高等职业教育的课程体系中，社会适应能力、基础知识、自我管理能力和创造力等能为学生的长期可持续发展提供支撑和保障的知识和能力仍然是学生的关注重点。与此同时，包括自主学习能力、社会交往能力、问题解决能力、全面分析能力和自我管理能力等通用的人力资本细分要素受到了家长们的极大重视。但是，本研究也发现了一个令人忧虑的现象，与其他能力相比，数学和科学能力获得家长较大重视的比例最低。应该说，数学和科学能力是高技能人才长远和可持续发展的基础和保障。与美国日益重视 STEAM 教育相比，在我国发展本科层次高等职业教育的过程中，仍然需要不断强化数学和科学能力的培养。

二、政策建议

基于本文的研究，应该从如下方面着手完善我国本科层次高等职业教育的人才培养模式。

（一）通过多元化途径大力推动本科层次高职院校发展

我国高等职业教育体系中的大部分都是专科型高职教育模式。为了适应我国未来科技进步、产业结构调整和优化升级的人才需求，应该通过多元化途径大力推动本科层次高职院校发展，并逐步向更高层次的高等职业教育模式发展。一方面，支持符合条件的高等职业院校开设本科层次高职专业；另一方面，推动那些职能定位不明确、专业特色不鲜明的本科院校向高职本科院校转型；此外，还可以在综合性大学中创办从本科到研究生一体化的高等职业教育。无论是学科布局，还是专业设置，所有的本科层次高职院校都要体现出鲜明的高技能教育特色，课程体系的设计和开设也要考虑到未来的高技能岗位需求。

（二）制定并完善职业教育发展的法律法规

无论是美国、英国等西方发达国家，还是日本、韩国等东亚国家，都构建了完善的职业教育政策体系，将参与高等职业教育的多元主体的责、权、利界定得非常清楚，从而有利于高等职业教育的稳定和可持续发展。我国也应该在借鉴发达国家的高等职业教育法律法规的基础上，结合我国的社会经济发展现状和高等教育的实际情况，制定并完善规范我国职业教育（包括高等职业教育）发展的法律法规，从法理层面保障我国高等职业教育的稳定和可持续发展。

（三）创新本科层次高职院校的发展模式

除了通过常规路径发展本科层次高等职业教育，在高等教育大众化向普及化发展的过程中，还应探索出更具创新性的本科层次高职院校的发展模式。例如，通过实施高中—专科—本科一体化的本科层次高技能人才培养模式，推动高等职业教育更好地服务于区域社会经济发展。近三年来北京市正在实施的高中—大学贯通培养项目就是一个有价值的探索。虽然该项目目前尚没有毕业生进入劳动力市场，但是从学生和家长的欢迎程度以及教学成效来看，该项目将成为完善北京市本科层次高职院校发展的一个重要模式。试点成熟时还有可能辐射到全国其他地区。国家应该鼓励各区域根据高等教育发展的实际情况探索符合自己经济社会和产业发展需求的本科层次高等职业教育发展模式。

（四）超前布局研究生层次的高等职业教育

无论是从发达国家的成功经验看，还是从我国未来新兴产业对高技能人才的需求角度看，或者是从研究生层次的高等职业教育的留学逆差角度看，都应该在大力发展本科层次高等职业教育的基础上，强化研究生层次的高技能人才培养。从本文的研究结果看，高达24.3%的贯通项目学生期望的最高学历为硕士，18.4%的贯通项目学生期望的最高学历为博士。此外，从学生出国留学的计划看，在计划出国留学的贯通项目学生中，40%左右的学生计划出国攻读硕士学位，17.11%的学生计划出国攻读博士学位。无论是攻读硕士学位，还是攻读博士学位，攻读专业学位的比例都要大于攻读学术学位的比例。由此可见，随着高新技术产业的迅速发展，接受高层次的高等职业教育已经成为大家非常普遍的理性选择，因此，超前布局研究生层次的高等职业教育应成为我国今后的重要政策取向。

（五）人才培养过程中应注重强化创新类课程建设

课程是人才培养体系中的重要组成部分，也是培养学生各类知识、能力和素养的重要载体。2012 年 4 月，在美国联邦教育部发布的《致力于美国未来：生涯与技术教育的改革蓝图》中（Investing in America's Future：A Blueprint for Transforming Career and Technical Education），明确提出了改革职业教育的四个核心原则，即联系需求（Alignment）、加强合作（Collaboration）、明确责任（Accountability）和鼓励创新（Innovation），创新是其中的重要组成部分。通过本文的实证研究可以发现，50%以上的学生对专业基础课（57.61%）、专业实习实训课（62.17%）以及创新实践课（51.18%）非常重视。考虑到专业基础课是支撑学生实施创新实践的重要基础，因此，从学生的视角看，强化创新类课程建设应该成为完善本科层次高等职业教育人才培养模式的重要内容。正因如此，学生在评价学校需要提升和完善哪些方面时，强化基础知识以及创造力的提升都还需要进一步加强。从家长的角度看，与学生创新能力培养相关的能力也受到了家长的广泛认同。例如，家长认为，自己孩子就读的学校最需要强化的方面有提升孩子的学习能力、强化孩子创造力培养以及强化基础知识。因此，在完善本科层次高等职业教育的人才培养模式过程中，要注重强化创新类课程体系建设，其中，强化并完善基础知识类课程、专业基础类课程以及与孩子创造力提升相关的课程是重要的举措和抓手。

（六）注重培养学生适应未来岗位的综合能力与素养

未来社会必定是一个以科技创新为核心的创新型社会，为了适应未来的社会和岗位需求，学生不能仅仅学习现阶段看上去能用得着的具体知识，而是要为学生的终身发展提供能力和素养保障。这点不仅被美国、德国和日本等发达国家的高等职业教育实践所证明，也在本文的实证研究中得到了验证。为此，学生和家长都给出了自己的理解和答案。例如，学生认为，在贯通项目的培养过程中，最应注重的能力和素养分别如下：兴趣和潜能开发，占75.04%；注重专业技能培养的也占73.31%；接下来是品德与人格培养，占67.82%；创造力培养也占62.32%。家长也对综合能力与素养提出了明确的期望，强调培养专业技能的家长样本占87.89%；注重品德与人格培养的占86.57%；注重兴趣与潜能开发的家长样本占81.26%；注重学习方法和能力培养的家长样本占79.93%。因此，为了在本科型的高等职业院校中培养出既能适应现在的岗位需求，又能适应未来岗位需求的高技能人才，在培养学生高水平的专业技能的同时，应该同步注重兴趣和潜能开发，加强学生的品德与人格培养，提高学生的创造力，帮助学生掌握必备的学习方法，具备必要的学习能力。这不仅是未来社会高技能人才的能力与素养结构所要求的，也是完善我国高等职业教育人才培养模式的重要内涵。

（七）以未来社会和产业需求为核心完善人才培养体系

在科学技术和产业发展日新月异的21世纪，高等职业教育的人才培养体系也面临着重大的完善需求。学生在重视传统的科学技术教育的同时，也需要人文社会科学教育。因此，我国本科层次高职院校的人才培养要从原来单一学科的教育模式向多学科交叉融合的教育模式转变，从原来以专业技能为主的教育模式向通用知识能力素养与专业技能并重的方向发展，从原来以一般性的行业职业能力为主向行业职业能力与国家社会经济发展需求能力相融合的方向发展，从原来以一线技能人才为主向高技能岗位管理工作和行业领军人才的方向发展，从以高职院校为主导向产业界和高职院校相互融合的方向发展，从原来以满足国内产业需求为主向满足国内和国际产业需求为重心的方向转变。也就是说，本科层次高等职业教育要使得培养出来的学生不仅具备从事一般性的专业性科技与管理工作的能力与素养，而且还应具备创新和发展的潜质，能实现可持续发展以及成为行业领军人才的潜质；不仅能满足行业与企业发展的需要，而且可以满足国家和区域经济与社会发展的需要，当需要时也能满足国际化和全球化发展的需要。这应该是创新和完善本科层次高等职业教育人才培养模式的重要出发点。

（八）构建多元化的本科高职人才培养方式

发达国家的成功经验已经充分证明，高等职业教育水平的提升离不开多元化的人才培养方式，例如课堂教学、企业实习、联合培养等。本文的研究也充分证明了这一点。只是由于学生和家长所处的角度不同，掌握信息的程度不同，因而对不同人才培养方式重要性的认识也不太一致。例如，从学生的角度看，传统的教师课堂理论教学相对并不重要（认为非常重要的只占40.19%），最重要的是去研究型单位实践教学（认为非常重要的占51.18%）、小组合作理论学习（认为非常重要的占51.81%）、小组去生产型企业实践教学（认为非常重要的占51.18%）以及小组去研究型单位实践教学（认为非常重要的占50.08%）。从家长的角度看，传统的教师课堂理论教学反而成了最重要的（认为非常重要的占71.8%），但是，小组合作理论学习以及去生产型和研究型单位实践教学仍然占有非常重要的地位。该结论为完善我国的本科高职人才培养方式提供了重要的参考。也就是说，在新的历史条件下，传统的教师课堂理论教学相对重要性虽然在下降，但仍然占据着非常重要的地位，仍然需要不断地探索和完善课堂教学方式。与此同时，通过合作学习以及去企业和研究型单位进行实践教学的重要性与日俱增，而北京市贯通培养项目采取的与国外高等职业教育机构合作培养也是一种非常重要的模式，需要在完善我国本科层次高等职业教育的人才培养模式中不断完善和强化。

综上可知，为了构建适应未来社会发展需求的本科层次高等职业教育培养体系，应该按照"注重基础、强化实践、完善应用"的思路，夯实学生的

"创新、合作、学习"等核心素养,坚持"基础知识、专业技能、核心能力"并举的原则,在完善本科层次高等职业教育的人才培养目标的基础上,不断推动高等职业教育的人才培养模式创新。

(九) 为高等职业教育学生提供多元化的路径选择

无论是从美国和澳大利亚等发达国家的成功经验看,还是从北京市贯通培养项目的实践体系看,为高等职业教育学生提供多元化的路径选择都是今后完善我国高等职业教育体系的重要政策导向。这种多元化的路径选择应该在初级中等教育之后开始提供,涵盖高级中等教育、专科教育、本科教育和研究生教育,让学生能够在职业教育和普通教育之间顺畅地选择自己的发展道路。当学生在各个学段都拥有职业教育和普通教育的选择权利和选择空间时,将会更多地按照自己的内在兴趣和优势特长等作出自己的选择。就像北京市贯通培养项目的选择机制那样,学生既可以选择继续接受职业教育,也可以通过高考进入普通高校。获得学士学位后既可以选择继续接受研究生层次的职业教育,也可以选择攻读学术型研究生。该机制既为完善我国的高等职业教育与普通教育之间的衔接机制提供了重要的借鉴,也应成为我国后续高等职业教育改革和发展的重要政策取向。

参考文献

一、中文参考文献

（一）专著类

［1］查吉德.职业教育人才培养目标的理论与实证研究［M］.暨南大学出版社，2015.

［2］胡国勇.日本高等职业教育研究［M］.上海：上海教育出版社，2008.

［3］韩学军.应用型创新人才培养与职业类高等教育体系构建［M］.中国人民大学出版社，2010.

［4］姜大源主编.当代世界职业教育发展趋势研究［M］.北京：电子工业出版社，2012.

［5］季桂起，宋伯宁．地方本科院校创新性应用型人才培养模式研究［M］.济南：山东大学出版社，2013：16.

［6］匡瑛.比较高等职业教育：发展与变革［M］.上海：上海教育出版社，2006.

［7］刘春生，徐长发．职业技术教育学［M］.北京：教育科学出版社，2002：397—398.

[8] 陆有铨.躁动的百年——20世纪的教育历程[M].济南：山东教育出版社，1997.

[9] 潘懋元主编.新编高等教育学[M].北京师范大学出版社，1996.

[10] 宋伯宁.山东省高等学校分类研究[M].济南：山东大学出版社，2012.

[11] 石伟平，匡瑛主编.比较职业教育[M].北京：高等教育出版社，2012.

[12] 吴道槐，王晓君.国外高技能人才战略[M].党建读物出版社，2014.

[13] 魏星，兰海涛，张亚杭.高职院校学生职业素质教育理论与实践——以重庆工程职业技术学院为例[M].重庆：西南师范大学出版社，2016.

[14] 严中华.国外职业教育核心理念解读[M].清华大学出版社，2017.

[15] 赵志群.职业教育与培训——学习新概念[M].北京：科学出版社，2009.

（二）论文类

[1] 白玮.美国高等职业教育印象及思考.辽宁商务职业学院学报[J].2001（1）：37—39.

[2] 崔景茂.澳大利亚与中国职业关键能力培养比较研究[J].职业技术教育，2013（7）：88—93.

[3] 陈庆和.能力本位教育的四大理论支柱[J].职教论坛，2004（12）：8—15.

[4] 陈梅香.情境学习理论与我国当前高校教学改革[J].江苏高教，2008（2）：75—78.

[5] 陈炳和.德国职业教育的特点及启示[J].教育与职业，2006.5（14）：53—54.

[6] 陈伟国.浅析日本高职教育改革及其对我国的启示[J].教育与职业，2006.1（3）：31—32.

[7] 陈小琼，谭绮球.试析澳大利亚政府高等职业教育政策的价值取向[J].高教探索，2010（1）：73—75.

[8] 陈冬，任开隆.日本五年制高等职业教育的课程设置及特点[J].北京

联合大学学报（哲社版），2004，18（2）：93—95.

[9] 陈秋苹，沈敏.美国职业教育体系化及其启示[J].高校教育管理，2016，10（1）：99—104.

[10] 陈小荣，朱运利，周海君."3+2"分段培养本科层次职业教育的探索与思考[J].中国职业技术教育，2016（13）：58—61.

[11] 陈莹，马庆发."职业性"：德国职业教育本质特征之研究——兼论职业教育"发展动力"[D].华东师范大学博士论文，2012.

[12] 陈敏，谭韶生，杨丽莎.美国加州职业教育透析[J].管理观察，2017（5）：154—156.

[13] 崔慧丽，潘黎.澳大利亚高等教育机构分层与分类的概况、特点及启示[J].现代教育科学，2016（5）：135—140.

[14] 崔步彤彤.国外高等职业教育办学模式综述[J].现代职业教育，2017（19）：78—79.

[15] 常立学.加拿大美国的高等职业教育[J].山东商业职业技术学院学报，2004.3（1）：78—80.

[16] 曹建兰.基于澳大利亚职业教育理念的中国高等职业教育改革思考[J].现代交际，2017（1）：20—21.

[17] 曹月柱.新世纪以来我国职业教育政策取向研究[J].现代教育管理，2012（4）：38—41.

[18] 程宇，刘海.愿景与行动："一带一路"战略下的职业教育发展逻辑[J].职业技术教育，2015（10）：11—17.

[19] 褚宏启，张咏梅，田一.我国学生的核心素养及其培育[J].中小学管理，2015（9）：4—7.

[20] 邓芸.国际视野下的文化育人——巴黎理工大学的实践与启示[J].广东外语外贸大学学报，2015（1）：100—103.

[21] 段静毅.本科层次职业教育人才培养模式研究[D].南京师范大学硕士毕业论文，2015年.

[22] 董立平.地方高校转型发展与建设应用技术大学[J].教育研究，

2014，08：67—74.

　　[23] 杜才平.英国多科技术学院的办学定位与人才培养[J].高等教育研究，2011（12）：107.

　　[24] 菲利克斯·劳耐尔（Felix Rauner）.双元制职业教育——德国经济竞争力的提升动力[J].职业技术教育，2011（4）：68—69.

　　[25] 耿欣.日本高等职业教育改革对我国的启示[J].贵州教育学院学报，2012.10（5）：64—66.

　　[26] 高山艳.美国生涯与技术教育绩效评价、内容、困境及启示[J].外国教育研究，2013（10）：118—128.

　　[27] 郭文莉.转型与建构：行业背景地方高校工程应用型人才培养模式改革[J].高等工程教育研究，2012，04：25—33.

　　[28] 关丽梅.地方高校转型背景下的学科专业群建设研究[J].继续教育研究，2014，12：72—74.

　　[29] 侯宁，沙秋琳，郭会宇.基于人力资本理论的高等职业教育研究[J].教育与职业，2013（2）：5—7.

　　[30] 和震.职业教育校企合作中的问题与促进政策分析[J].中国高教研究，2013（1）：90—93.

　　[31] 和震.我国职业教育政策三十年回顾[J].教育发展研究，2009（3）：32—37.

　　[32] 胡国勇.日本专门学校的现状与发展趋势[J].教育发展研究，2007.3：67—71.

　　[33] 胡庆平.英国现代大学发展对我国高等职业教育的启示[J].北京教育，2017，01：90—92.

　　[34] 胡明华.德国应用科技大学的发展及对我国高等职业教育的启示[J].教育与职业，2017（4）：67—71.

　　[35] 胡世刚.略论地方本科院校转型发展的"三个选择"[J].黄冈师范学院学报，2015，01：90—93.

　　[36] 胡建勇，张莹.本科职业教育发展的动因、困境与策略[J].职业技术

教育，2015（34）：24—27.

　　[37] 胡卫珍.德国"双元制职业教育体制的历史沿革 [J].职教论坛，2010.
（11）：97—98.

　　[38] 郝克明，叶之红.凸现能力为本实践为主需求为重的课程体系——
澳大利亚职业教育培训经验之一[J].中国职业技术教育，2004（6）：35.

　　[38] 贺翔，徐军伟.德国应用科学大学办学特点对我国独立学院转型发
展的启示[J].宁波大学学报（教育科学版），2016（1）：65.

　　[39] 黄亚妮.德国 FH 实践教学模式的特色剖析[J].职业技术教育，2004
（25）：67—69.

　　[40] 黄红武，董立平，王爱萍.应用型本科高校人才培养的特色化研
究——以厦门理工学院"亲产业"大学办学实践为例[J].大学（学术版），2012
（4）：56—61.

　　[41] 黄日强，邓志军.澳大利亚职业教育的发展趋势[J].职教论坛，2002
（9）：56—58.

　　[42] 黄福涛.能力本位教育的历史与比较研究——理念、制度与课程[J].
中国高教研究，2012（1）.

　　[43] 红肖，王 琦.我国高职教育的发展史[J].才智，2010（2）：152.

　　[44] 惠宁，霍丽.试论人力资本理论的形成及其发展[J].江西社会科学，
2008（3）：74—80.

　　[45] 姜大源，王泽荣，吴全全，陈东.当代世界职业教育发展趋势研
究——现象与规律（之一）——基于横向维度延伸发展的趋势：定界与跨界
[J].中国职业技术教育，2012（18）：5—16.

　　[46] 姜大源，王泽荣，吴全全，陈东.当代世界职业教育发展趋势研
究——现象与规律（之三）——基于纵横维度交替发展的趋势：实然与应然
[J].中国职业技术教育，2012（24）：15—39.

　　[47] 蒋凯.英国高等职业教育：性质定位、运行模式与特点[J].中国职业
技术教育，2010（18）：5—10.

　　[48] 缴润凯，袁雅仙，刘学智.日本以"生存能力"为核心的课程评价

改革：经验与启示[J].外国教育研究，2010（12）：10—13.

[49] 吉小炜.英国职业教育倡导的核心能力及其实践过程[J].中国成人教育，2010（13）.

[50] 贾晓莉.新职业主义产生的背景及其理论框架[J].职教论坛，2008（3）：57—58.

[51] 晋翠翠等.情境学习理论及其对地方高职院校创新创业教育的启示[J].中国市场，2017（13）：328—330.

[52] 季诚钧.应用型人才及其分类培养的探讨[J].中国大学教学，2006（6）：57—58.

[53] 柯雅婷.澳大利亚 TAFE 的特点及对我国高职教育的启示[J].职教论坛，2014（30）：93—96.

[54] 李叶.中美高等职业教育政策对比研究[D].湖南师范大学硕士学位论文，2016.

[55] 李均，赵鹭.发达国家本科层次高等职业教育研究———以美、德、日三国为例[J].高等教育研究，2009（7）：92—93.

[56] 李媛媛，彭巨擘.德国应用科技大学与我国高等职业本科教育的比较研究[J].价值工程，2016（05）：206—208.

[57] 李雪花.日本中高等职业教育对口衔接模式研究[D].河南师范大学硕士论文，2011.

[58] 李丰桐.法国高等职业教育特点及启示[J].中国成人教育，2011（6）：103—104.

[59] 李文英."战后"日本职业教育制度的演进[J].教育与职业，2010（2）：26—28.

[60] 李文英，刘云.战后日本高等职业教育的发展特点[J].日本问题研究，2013（4）：80—83.

[61] 李英英，张俊.美国社区学院发展历程及其启示[J].继续教育，2011（2）：61—64.

[62] 李梦卿，安培.日本高等职业教育学位制度及其特征[J].学位与研究

生教育，2014（12）：68—72.

[63] 刘翠航.美国社区学院新趋势、新政策及思考[J].职业技术教育，2013（13）：90—93.

[64] 刘莉，吕红.澳大利亚职业教育与培训国内研究的文献综述[J].重庆电子工程职业学院学报，2009.7（4）：1—3.

[65] 刘廷哲.德国高等职业教育培养模式的主要类型、特色及其启示[J].职教通讯，2012（31）：42—45.

[66] 刘玉.美国高等职业教育对我国高等职业教育发展的启示[J].无锡职业技术学院学报，2014（5）：9—13.

[67] 刘旭东，娄自强.日本高职教育办学模式对我国高职教育发展的启示——以山东省为例[J].吉林工程技术师范学院学报，2017.6（6）：24—26.

[68] 逯长春.德国高等职业教育发展趋势探析 [J] .职教通讯，2015（34）：54—66.

[69] 陆丽君.英国职业教育模式及启示[J].宁波大学学报（教育科学版），2010（4）：66—69.

[70] 罗先锋，黄芳.普及化阶段的高等职业教育——美国的经验和中国的展望[J].中国高教研究，2016（8）：93—100.

[71] 刘柳.本科层次高等职业教育人才培养目标定位研究[D].湖南师范大学硕士毕业论文，2016.

[72] 刘阳.图解英国国家资格框架的改革进程[J].职业技术教育，2006（25）：81—84.

[73] 刘颖，付天海.德国高等教育的"双元制"理念及对高校转型发展的启示[J].高教探索，2016（12）：71.

[74] 刘维俭，王传金.从人才类型的划分论应用型人才的内涵[J].常州工学院学报（社科版），2006（3）：98—100.

[75] 刘健，王春，李奎山.应用型人才的层次及其实践环节的培养[J].黑龙江高教研究，2005（8）：126—128.

[76] 刘瑶.澳大利亚 TAFE 课程设置的研究及对我国高职课程设置的启

示[D].西北农林科技大学硕士论文，2009.

[77] 刘育峰.中高职课程衔接的理论与实践——英国的经验与我国的借鉴[J].北京理工大学出版社，2012（12）：19—22.

[78] 路君.德国高等职业教育的专业与课程设置[D].东北师范大学硕士论文，2002.

[79] 罗建河，陈继艳.法国职业教育培训体系的发展、特点与启示[J].职教论坛海外纵览，2015（16）：83—87.

[80] 罗文广等，地方院校应用型本科人才的校企合作培养模式研究[J].实验技术与管理，2013（3）：15—18.

[81] 李菲.我国高等职业教育历史沿革及发展动因分析[J].辽宁高职学报，2013（10）：20—22.

[82] 林远辉.法国高等职业教育的特色及其启示[J].职业圈，2007（15）：122—123.

[83] 李梦卿，周艳.新中国成立六十年我国职业教育政策综述[J].教育与职业，2009（12）：5—8.

[84] 龙立荣，方俐洛，李晔.社会认知职业理论与传统职业理论比较研究[J].心理科学进展，2002（4）：225—231.

[85] 刘朝晖.新职业主义下高等职业教育核心能力的培养[J].当代教育论坛，2010（8）：118—119.

[86] 刘柳.本科层次高等职业教育文献综述[J].职教论坛，2015（7）：8—11.

[87] 李均，赵鹭.发达国家本科层次高等职业教育研究——以美德日三国为例[J].高等教育研究，2009（7）：89—95.

[88] 李岩.法国大学校精英教育对我国高等教育的启示——以巴黎高师为例[J].辽宁行政学院学报，2011（2）：138—139.

[89] 李晓曼，曾湘泉.新人力资本理论——基于能力的人力资本理论研究动态[J].经济学动态，2012（11）：120—126.

[90] 李晓军.本科技术教育人才比较的研究[D].华东师范大学，2009.

[91] 李兴业．法国高等工程教育培养模式及其启示[J].高等教育研究，1998（1）：98—102.

[92] 李鹏虎.高等教育研究中"理论运用"的问题及反思—基于106篇高等教育学专业博士学位论文的调查分析[J].国家教育行政学院学报，2017（9）：87—94.

[93] 马燕.发展本科层次职业教育：动因、问题与出路[J].中国职业技术教育，2014（20）：14—18.

[94] 马冰.美国职业教育概况与启示[J].辽宁高职学报，2008，10（8）：20—22.

[95] 马静，刘辉.德国高等职业教育多层次化发展的探究与启示[J].职教论坛，2011（12）：89.

[96] 马振华.发展本科和研究生层次高等职业教育的理论与实践研究[D].天津大学硕士学位论文，2004.

[97] 马树超，范唯.高职教育：为区域协调发展奠定基础的十年[J].中国高等教育，2012（18）：12—16.

[98] 梅洪.论高职学生工匠精神的培育[J].职教论坛，2016（9）：79—81.

[99] 欧阳珺茜，杨广晖.国际化·多元化·社会化——日本高等职业教育人才培养模式的特色及启示[J].职业技术教育，2009（19）：79—82.

[100] 潘懋元，石慧霞.应用型人才培养的历史探源[J].江苏高教，2009（1）：7—10.

[101] 潘建华.英国高等职业教育的特点及其启示[J].边疆经济与文化，2007（8）：175—176.

[102] 潘冬梅，张新军.法国高等职业教育的特点及启示[J].高等农业教育，2005（10）：87—89.

[103] 庞旭卿，刘晓莉.中外高等职业教育课程模式比较研究[J].中国科教创新导刊，2010（32）：1.

[104] 沈智扬，陈雪丽.法国高等职业教育成功经验及其启示[J].安庆师范学院学报（社会科学版），2013（4）：162—165.

[105] 孙翠香，林静.美国高等职业教育：现状、特点与启示[J].职业技术教育，2015（16）：73—78.

[106] 孙晓.利益相关者理论综述[J].经济研究导刊，2009（2）：10—11.

[107] 沈雁霞.日本高等专门学校发展史及对我国高等职业教育的启示[J].经济师，2007（8）：146—147.

[108] 宋克慧，田圣会，彭庆文.应用型人才的知识、能力、素质结构及其培养[J].高等教育研究，2012（7）：94—98.

[109] 申志永.美国高等职业教育特色及对我国的启示[J].科技视界，2012（7）：91—92.

[110] 邵坚钢. 美国社区学院转学教育对我国构建现代商职教育体系的启示[J].宁波工程学院学化，2012（2）：107—110.

[111] 邵艾群.英国职业核心能力开发及对我国职业教育的启示[D].四川师范大学硕士论文，2009.

[112] 史枫.人口调控背景下的首都职业教育：困境、机遇与策略[J].中国职业技术教育，2014（24）：43.

[113] 史士本.北京高等职业教育发展趋势分析[J].北京教育（高教版），2005（2）：52—54.

[114] 申家龙.新中国建立以来职业教育制度与政策的历史回顾[J].江苏技术师范学院学报，2008（23）：7.

[115] 檀慧玲.世界主要创新型国家教育创新政策的特点及启示[J].内蒙古大学学报（哲学社会科学版），2014（1）：102—107.

[116] 田光大.德国高等职业教育的发展与启示[J].职业教育研究，2010（3）：155—156.

[117] 童晶晶.瑞士德国职业教育之比较[J].文教资料，2010（2）：124.

[118] 唐景莉，刘志敏.高校转型：重构高教核心价值——访国家教育咨询委员、中山大学原校长黄达人[J].中国高等教育，2015（7）：24—35.

[119] 唐丽丽.校企合作共建共享开放式工程实验室的实践与探讨[J].广东化工，2013（21）：192—193.

[120] 涂向辉.本科层次高等职业教育培养目标及其内涵探析[J].中国职业技术教育，2012（27）：15—20.

[121] 吴兵，龚晓青.日本专门学校对我国高等职业教育的启示[J].广西职业技术学院学报，2008（3）：38—43.

[122] 吴苏苹.英国企业参与高等职业教育的经验及启示[J].高等工程教育研究，2017（2）：175—179.

[123] 吴慰.法国高等教育分流的历史、现状及启示[J].现代教育科学，2013（3）：20—24.

[124] 吴国强.大学生职业通用能力测量及与就业绩效的关系研究[D].复旦大学硕士学位论文，2009.

[125] 万秀兰.美国社区学院的转学教育[J].比较教育研究，2004（3）：77—81.

[126] 王宁宁，吴涛.日本技术科学大学人才培养：经验与启示[J].教育探索，2015（7）：156.

[127] 王有年.全球化视野下的大学创新发展之路——加拿大大学创新人才培养模式及其启示[J].北京农学院学报，2007（6）：1—5.

[128] 王玲.高技能人才与技术技能型人才的区别及培养定位[J].职业技术教育，2013（28）.

[129] 王彩霞等.基于校企合作的地方性应用型人才培养新模式探索[J].安阳师范学院学报，2015（3）：150—152.

[130] 王玮玲，熊新.关于地方高校校企合作办学的探讨[J].纺织教育，2007（6）：15—17.

[131] 王伟哲，闫志利.京津冀职业教育合作：动因、模式与路径[J].职业与教育，2015（10）：8—12.

[132] 王宝岩.我国高等职业教育政策定位研究[J].现代教育科学，2011（2）：78—81.

[133] 王艳辉.高职学生核心素养框架建构及培养路径[J].职业技术教育，2017（7）：35—40.

［134］王文利，郭琪.日本职业能力开发综合大学的历史演变及办学特色［J］.中国成人教育，2016（2）：124—127.

［135］王春雷.地方本科高校转型有利于提升职业教育层次［J］.高校教育管理，2015（5）.

［136］王国庆，陈曙娟.基于开放视角的高职教育课程体系建设［J］.教育理论与实践，2013（3）：21—23.

［137］王连森，王秀成.利益相关者视角下大学发展的境域转换［J］.江苏高教，2006（6）：22—24.

［138］委玉奇，郝丽霞.主要西方国家高等职业教育课程的比较研究［J］.教育探索，2010（9）：153—154.

［139］魏亚.国际社会本科层次职业教育的制度沿革［J］.江苏高教，2016（3）.

［140］吴苏苹.英国企业参与高等职业教育的经验与启示［J］.高等工程教育研究，2017（2）：175—179.

［141］吴耀兴，陈政辉.论应用型人才培养的内涵及策略［J］.黑龙江高教研究，2008（12）：123—125.

［142］吴阿林.应用型人才的层次结构及其指标体系的研究［J］.黑龙江高教研究，2006（11）：122—124.

［143］吴中江，黄成亮.应用型人才内涵及应用型本科人才培养［J］.高等工程教育研究，2014（2）：66—70.

［144］王明杰，郑一山.西方人力资本理论研究综述［J］.中国行政管理，2006（8）：92—95.

［145］徐朔.“关键能力”培养理念在德国的起源和发展［J］.外国教育研究，2006（6）：66—69.

［146］许青云.论高校应用型人才培养对策研究［J］.教育教学论坛，2011（5）：21—23.

［147］谢峰.1980—2010：中英高等职业教育发展比较［J］.江苏高教，2010（4）：138—140.

[148] 徐美银.德国高等职业教育的特点及启示[J].江苏广播电视大学学报，2009（2）：29—31.

[149] 向月，孙杰明.英国高等职业教育发展与变革的历程、特点及趋势[J].芜湖职业技术学院学报，2011（13）：13—16.

[150] 奚元嶂.德国"双元制"与我国高职"2＋1"模式的特点比较研究[J].科技展望研究：2017（9）：199.

[151] 熊颖，孙博．多科技术学院的发展及消亡暨对我国发展技术本科的启示[J].职教论坛，2008（9）：62—64.

[152] 肖德钧.高职院校学生职业核心能力与培养途径[J].天津市教科院学报，2013（6）：36—38.

[153] 薛栋，潘寄青.对德国职业能力本位观的解读 [J].中国职业技术教育，2010（27）：23—27.

[154] 熊建民.高等职业教育经济功能与规模效益的实证研究[D].华中科技大学博士学位论文，2005.

[155] 徐向平.美国新职业主义教育发展对中国当代职业技术教育改革的启示[J].职教论坛，2014（21）：82—90.

[156] 向月，孙杰明.英国高等职业教育发展与变革的历程、特点及趋势[J].芜湖职业技术学院学报，2011（4）：13—16.

[157] 杨辉.德国职业教育国际化发展趋势[J].黑河学院学报，2016.10（6）：42—43.

[158] 杨洁.德国高等职业教育发达原因分析[J].职业技术教育，2009（13）：90—93.

[159] 杨志秋，邢丽娜.法国高等职业教育发展特点及启示[J].中国电力教育，2010（21）：86—88.

[160] 杨春生，孙琴，吴伟.创新型工程应用本科人才培养新模式探索[J].江苏高教，2010（1）：82—84.

[161] 杨永飞，赵晓珂.推进应用技术大学建设 服务地方经济社会发展——关于地方高校转型发展的若干思考[J].中国成人教育，2015（3）：

19—22.

　　［162］阳益君.美日英高等职业教育学位制度及启示［J］.职业教育研究，2016（11）：71—74.

　　［163］严欣平，陈显明.深化改革，走应用技术型高校发展之路［J］.中国高等教育，2014（Z2）：58—60.

　　［164］严　晔.“核心素养”在澳大利亚［J］.湖北教育，2017（3）：5—7.

　　［165］姚　蕾，贺丽琪.澳大利亚职业教育中学生综合职业能力的培养［J］.教育教学论坛，2014（1）：182—183.

　　［166］阳益君.美日英高等职业教育学位制度及启示［J］.职业教育研究，2016（11）：71—72.

　　［167］叶磊.日本技术科学大学的办学特色及其经验启示［J］.职教论坛，2014（16）：86.

　　［168］叶丹，罗静，侯长林.利用区域资源 推进专业建设转型［J］.中国高等教育，2014（18）：30—31.

　　［169］殷红.德国高等职业教育发展研究及对我国高职校企合作的启示［D］.天津大学硕士论文，2012.

　　［170］闫宁.高等职业教育能力本位的重构［J］.现代教育管理，2012（5）：79—82.

　　［171］郑宏.美国《国防教育法》的制定及其历史作用［J］.江西社会科学，2011（1）：158—161.

　　［172］左家哺，彭蝶飞，屈中正.德国高等职业教育的特点［J］.湖南环境生物职业技术学院学报，2004（2）：160—368.

　　［173］朱雪梅.美国高等职业教育发展模式：演进历程与经验启示［J］.教育学术月刊，2014（10）：55—59.

　　［174］张岩，杨绍先，英国现代学徒制对我国高等职业教育发展的启示［J］.高教学刊，2017（14）：12—14.

　　［175］张红云.澳大利亚高等职业教育体系的特点及启示［J］.读与写杂志，2013，7（7）：28—30.

[176] 訾燕，徐震.澳大利亚高等职业教育的特色与启示[J].中国成人教育，2015（19）：126—130.

[177] 张莉义.美国社区学院职业教育得到的几点启示[J].职业教育研究，2004（12）：120—121.

[178] 张梦琦.法国职业教育及其人才培养体系探究[J].郑州师范教育，2016（5）：18—19.

[179] 张庆久.德国应用科技大学与我国应用型本科的比较研究[J].黑龙江高教研究，2004（8）：32.

[180] 赵璧.法国高等职业教育对中国的启示[J].现代交际，2017（7）：125—126.

[181] 赵冉.21世纪法国中等职业教育课程改革研究[D].四川外国语大学硕士论文，2013.

[182] 赵文学.英国高等职业技术教育的特点与发展趋势[J].现代教育科学，2005（5）：34—35.

[183] 赵春红.法国高职公共基础教育小模块课程的比较[J].黑龙江高教研究，2012（5）：103—105.

[184] 郑阳.STC理念下美国职业教育课程改革的启示[J].江苏广播电视大学学报，2008（4）：86—88.

[185] 祝成林，和震.美国技术学院预科高中人才培养模式及其对我国中高职衔接的启示[J].外国教育研究，2017（3）：117—126.

[186] 朱颖华.日本高等职业教育的教育体系及课程特点[J].吉林工程技术师范学院学报，2008（11）：63—65.

[187] 朱士中.美国应用型人才培养模式对我国本科教育的启示[J].江苏高教，2010（5）：147—149.

[188] 周谷平，阚阅."一带一路"战略的人才支撑与教育路径[J].教育研究，2015（10）：4—9.

[189] 赵晓燕，王洪见，吕路平."2+3+2"贯通培养试验项目高端技术技能人才特质解析[J].北京财贸职业学院学报，2016（10）：42—47.

［190］赵新亮，张彦通.地方本科高校向应用技术大学转型的动力机制与战略［J］.高校教育管理，2015（2）：38—42.

［191］周建松.高等职业教育人才培养目标下的课程体系建设［J］.教育研究，2014（10）：103—111.

［192］张建国，赵惠君.我国高等职业教育课程体系的改革与发展趋向［J］.长江工程职业技术学院学报，2009（6）：1—21.

［193］张婕，陈光磊.德国应用科技大学对我国地方高校转型发展的启示［J］.国家教育行政学院学报，2015（1）：87—90.

［194］张俊平等.教师素质提升与创新性应用型人才培养——以土木工程专业为例［J］.中国大学教学，2011（12）：21—23.

［195］张大良.改革创新 努力构建具有区域特色的现代应用性高等教育体系［J］.中国高教研究，2014（12）：5—7.

［196］张兄武，许庆豫.关于地方本科院校转型发展的思考［J］.中国高教研究，2014（10）：93—97.

［197］张访问.高职学生核心素养内涵研究［J］.现代职业教育，2017（1）：186—187.

［198］张华.论核心素养的内涵［J］.全球教育展望，2016（4）：10—24.

［199］张维迎.大学的逻辑［M］.北京：北京大学出版社，2004.

［200］张振新，吴庆麟.情境学习理论研究综述［J］.心理科学，2005，28（1）：125—127.

［201］张文晋，张彦通.法国大学校教育的人才培养特色及其启示———兼论我国行业特色型大学的人才培养［J］.高等财经教育研究，2012（2）：6—10.

［202］张晋.高等职业教育实践教学体系构建研究［D］.华东师范大学博士论文，2008.

［203］朱颂梅.现代高等职业教育体系下学生职业能力评价体系研究［J］.职业技术教育，2013（25）：27—32.

［204］朱家德. 精英技术教育理念与法国高等教育发展［J］.高等工程教

育研究，2010（6）：118—123.

[205] 周红利，张万兴.人力资本理论视域的德国现代学徒制研究[J].高教探索，2014（4）：48—52.

[206] 周菁.应用型人才培养目标下高校实践教学教师队伍建设研究[J].教育探索，2011（9）：109—110.

[207] 左聪颖，杨建仁.西方人力资本理论的演变与思考[J].江西社会科学，2010（6）：196—199.

[208] 再吐娜·麻木提何，孔潮.能力本位教育评估框架对我国职业教育变革的启示[J].新疆职业大学学报，2012（6）：51—54.

（三）其他类

[1] 北京市政府.《北京市关于加快发展现代职业教育的实施意见》（京政发〔2015〕57号），2015.11.

[2] 北京市教育委员会.《关于2016年开展高端技术技能人才贯通培养试验的通知》（京教职成〔2016〕5号），2016.5.

[3] 国务院.关于加快发展现代职业教育的决定（国发〔2014〕19号），2015.5.

[4] 国务院办公厅.国务院办公厅关于深化产教融合的若干意见（国办发〔2017〕95号），2017.12.

[5] 焦玉轩.世界历史上三次成功的经济追赶[N].科技日报，2003.2.19.

[6] 教育部行业特色型大学发展考察报告[C].第四届高水平行业特色型大学发展论坛年会论文集.合肥：合肥工业大学，2010：229—230.

[7] 马树超.高职教育的现状特征与发展趋势[N].中国教育报，2006.9.14.

[8] 日本综合科学技术创新会议.《日本第五期科学技术基本计划（2016—2020)》，2016.1.

二、英文参考文献

［1］ Barab，S.A.&Duffy，T.From practice fields to communities of practice.In：D.Jonassen &S.M .Land.（Eds.）Theoretical Foundations of Learning Environments，Mahwah，NJ：Lawrence Erlbaum，2000，25—56.

［2］ Driscoll M.Psychology for learning instruction（2nd edition）.Boston：Allyn and Bacon.2000.

［3］ Hodkinson P，Issitt M.The challenge of competence［M］.London： Cassell，1995.

［4］ Lave，J.&Wenger，E.Situated learning：Legitimate peripheral participation.Cambridge，United Kingdom：Cambridge University Press.1991.

［5］ U.S.Department of Education，Office of Vocational and Adult Education.Inv-esting in America's Future：A Blueprint for Transforming Career and Technical Ed-ucation［EB/OL］.（2012-04-19）.

［6］ Richard W.Burns.Competency-based education： an introduction［M］.New Jersey：Educational Technology Publications，1972：7.

［7］ http：//www2.ed.gov/about/offices/list/ovae/pi/cte/transforming-career-technical-education.pdf.

［8］ UNESCO.2009：World Conference on Higher Education： The New Dynamics of Higher Education and Research for Societal Change and Development in Higher Education［M］.Paris：UNESCO，2015.

［9］ White House.The 2012 State of the Union： An America Builtto Last［EB/OL］.2012-01-24.http：//www.whitehouse.gov/the-press-office/2012/01/24/remarks-president- state-union-address.

致　谢

敬时爱日，尺璧寸阴，三年行来，得失荣辱，百感交集。忆时光荏苒，感华不再扬。

求学三载，恩师王先生，不以吾才疏愚钝，简拨吾于微末，循循善诱，发蒙启蔽，苦心孤诣，鱼渔双授，言传身教，面命耳提，谆谆师语，殷殷身教。先生翩翩鸿儒，高山仰止，学富五车，誉满寰中，天命之年，繁重之职，不倦如故，桃李不言，下自成蹊，蒙师不弃，求学其下，仰之弥高，钻之弥坚，观千剑而后识器，操千曲而后晓声，愿一生追随，为国家之人才培育、教育发展尽绵薄之力，誓当饮水思源，结草衔环以报。

同门同窗，良师益友，英才荟萃，济济一堂，各擅所长，材称栋梁。手足同砚不以吾备位充数，皆如同气，人无私焉，谈笑有鸿儒，往来无白丁，杨左之交也。虽求学路艰，然前挽后推，雪中送炭，缓急相济焉，乃将伯之助，义不敢忘。

西北师大、北京师大，虽京兰两地，但同根同源，育师无数，吾常奔波于京兰之间，汲两校之学术课程，耳濡目染，浸润其中，仰取俯拾，受益匪浅。

志成校园，古朴典雅；志成文化，乐育其中；有志竟成，伴吾始终。求学工作，两不相误，领导同事，鼎力相助，吾浑俗和光，碌碌无为，幸得先生提携，乃知学海无涯，唯奋发图强，慈乌反哺，不求闻达，但求无愧。

言粗语糙，仅叙胸意，临表涕零，不知所言。愿师长安康，愿同砚如意，愿同事和顺，愿不忘初心，愿教育兴旺，愿人才辈出。

王红军

2024 年 9 月